DICHTERWETTSTREIT *deluxe*

Wort:Schöpfung – Band 1
2. Auflage 2025
© 2024 Dichterwettstreit deluxe, Villingen-Schwenningen
www.dichterwettstreit-deluxe.de/impressum

Satz & Lektorat: Elias Raatz & Annika Siewert
Korrektorat: Dr. Rebecca Domke
Design & Umschlaggestaltung: T-Sign Werbeagentur
Kooperation mit der Erzdiözese Freiburg:
www.ebfr.de/wortschoepfung
Druck: BOD GmbH, Norderstedt

ISBN: 978-3-98809-031-7
ISBN E-Book: 978-3-98809-032-4

www.dichterwettstreit-deluxe.de

Hubert Baumann & Elias Raatz (Hrsg.)

WORT:SCHÖFPUNG
VERSE VOLL VERTRAUEN

36 Preacher Slam Texte über
Glaube, Liebe, Hoffnung

DICHTERWETTSTREIT deluxe

Herausgegeben von

Hubert Baumann

Hubert Baumann (*1964) arbeitet als Werbe- und Marketingexperte und engagiert sich seit vielen Jahren in der katholischen Kirche seiner Heimat VS-Schwenningen. Lyrik und Poesie sind für ihn tragende Elemente, um Gedanken in Worte und Worte in Werke zu fassen. Dieses Buch ist für ihn eine Herzensangelegenheit.

Elias Raatz

Der 1997 geborene Moderator, Autor und Künstler Elias Raatz gilt als kreativer Tausendsassa. Er liebt es, voller Leidenschaft die großen und kleinen Themen des Lebens durchzudiskutieren, egal in welchem Medium. Elias Raatz studierte Germanistik und Medienwissenschaften in Tübingen, wo er auch lebt. Mehr unter: www.elias-raatz.de

Kein Weg
zu weit,
kein Ziel
unerreichbar.

Inhalt

Vertrauen,
welch ein mächtiges Wort.
Ohne Vertrauen
kein Glaube,
keine Liebe,
keine Hoffnung.

Vorwort: Verse voll Vertrauen
Von Hubert Baumann & Elias Raatz

Wort:Schöpfung – welch eine große Wortverbindung. Im biblischen Sinn ist mit „Schöpfung" ja nichts Geringeres verbunden als die Erschaffung von Himmel und Erde, von Menschen, Pflanzen, Tieren. Die Erschaffung von etwas Neuem. Ganz schön große Fußstapfen, die es zu füllen gilt.

Ein Bibelzitat besagt, dass ohne das Wort nichts geworden wäre, und in gewisser Weise stimmt das auch für dieses Buch. Ein Buch lebt von in sinnvoller Weise angeordneten Worten und den darin inne liegenden zu Papier gebrachten Gedanken. Hauptamtliche und Laien aus Kirche und Gesellschaft bringen dies literarisch aufgearbeitet beim Kulturformat Preacher Slam zum Ausdruck. Für dieses Buch haben uns Preacher Slammer*innen ihre besten **Wort:Schöpfungen** zur Verfügung gestellt.

Lassen Sie sich von **36 Wort:Schöpfungen** zu den Themen Glaube, Liebe und Hoffnung inspirieren. Jeder Text eine eigene thematische Interpretation unserer Autor*innen in unterschiedlichsten Formen. Geschichten, Metaphern, Gedichte, in Predigtform verfasst oder als reine Poesie – Texte die auf Bühnen beim Preacher Slam ebenso begeistern wie als geschriebenes Wort.

Und so trage ich Dich,
seit es Dich gibt,
jeden einzelnen Schritt,
gehst Du mit mir mit.

Jeden einzelnen Schritt
Von Anna Volk

Ich trage Dich,
seit es Dich gibt,
jeden einzelnen Schritt
gehst Du mit mir mit.
Zusammen bewundern und staunen wir,
genießen wir,
jeden Moment
auf dem Weg durch die Welt.
Und ich halte Deine Hand,
jeden Schritt, den Du gehst,
stütze Dich, tröste Dich,
wenn Du doch mal fällst.

Ich zeige Dir ein Leben
in Liebe und Glauben
und gebe Dir Hoffnung,
die Dein Leben begleitet.
Und auf jedem einzelnen Schritt
bewundern wir die Welt,
mit Wolken und Sternen am Himmelszelt.
Mit ihren Geschichten, Wissenschaften
und manchen Geheimnissen,
die ich nicht erklären kann.
Mit ihren kleinen Wundern,
über die wir staunen,
die ich nicht belegen,
jedoch glauben kann.

Und so glaube ich,
dass Kinder, die lachen,
so manche Menschen glücklich machen
und Sonnenstrahlen
uns ein Lachen ins Gesicht malen.
Ich glaube,
dass Träume dafür da sind,
sie zu leben.
Und, dass es sich niemals lohnt
etwas aufzugeben.

Glauben heißt so viel wie, zu vermuten,
dass etwas Bestimmtes da ist,
etwas, das sich nicht belegen lässt,
doch trotzdem einfach da ist.
Glaube ist persönlich,
einzigartig und vertraulich,
Glaube muss man leben,
doch nicht jeder traut sich.
Und ich glaube,
dass wir alle einzigartig und besonders sind,
und stolz auf uns sein sollten,
egal, was oder wer wir sind.

Ich glaube, dass die Welt voller Wunder ist
und auch, dass Du ein kleines Wunder bist.
Ich glaube, dass eine Umarmung
viel Gutes bewirken kann
und ein liebevolles Wort
manche Welt positiv verändern kann.

Denn ich glaube,
dass jede*r von uns ein gutes Herz in sich trägt,
wenn es nur im Takt der Liebe schlägt.

Und so trage ich Dich,
seit es Dich gibt,
jeden einzelnen Schritt,
gehst Du mit mir mit.
Zusammen bewundern und staunen wir,
genießen wir,
jeden Moment
auf dem Weg durch die Welt.
Und ich halte Deine Hand, Dein Herz,
jeden Schritt, den Du gehst,
stütze Dich, tröste Dich,
wenn Du doch mal fällst.

Ich zeige Dir ein Leben
in Liebe und Glauben
und gebe Dir Hoffnung,
die Dein Leben begleitet.
Und ich halte Deine Hand,
ganz fest in meiner Hand,
begleite Dich, bin bei Dir
mein Leben lang.
Und indem ich Dich liebe,
zeige ich Dir, was Liebe ist,
und das jeden Moment,
den Du bei mir bist,
damit Du es niemals vergisst.

Und ich bringe Dich täglich zum Lachen
und möchte, dass Du zufrieden bist,
weil ich nur dann glücklich bin,
wenn Du es bist.

Ich bin immer für Dich da,
auch wenn ich manchmal sehr erschöpft bin.
Ich sorge mich um Dich,
auch wenn ich oft sehr müde bin.
Ich spiele mit Dir und freue mich,
wenn wir zusammen Spaß haben,
denn Freude im Herzen zu haben,
ist viel schöner als Narben.
Und ich spreche hier von Liebe,
die bedingungslos und rein ist,
die sich niemals an Erwartungen
und Bedingungen misst.

Die Liebe ist des Herzens allerschönste Melodie,
Liebe ist Realität, aber zugleich auch Magie.
Die Liebe ist einzigartig, lebendig,
sie ist für jede Mutter selbstverständlich.
Sie ist langmütig und gütig,
so schreibt das Hohelied der Liebe.
Die Liebe hört niemals auf,
so steht es in der Bibel.
Liebe ist Caritas und Agape zugleich,
nichts steht mit Liebe je im Vergleich.
Sie ist fair und für alle zugänglich,
sie ist für immer und niemals vergänglich.

Liebe muss man leben und jeden Tag zeigen,
denn Liebe sollte man nicht nur in Worten,
sondern in Taten teilen.
Und Liebe wird sichtbar,
wenn eine Mutter ihr Kind zum ersten Mal sieht
und sofort weiß,
dass sie es für immer bedingungslos liebt.

Und so trage ich Dich,
seit es Dich gibt,
jeden einzelnen Schritt
gehst Du mit mir mit.
Zusammen bewundern und staunen wir,
genießen wir,
jeden Moment
auf dem Weg durch die Welt.
Und ich halte Deine Hand, Dein Herz,
jeden Schritt, den Du gehst,
stütze Dich, tröste Dich,
wenn Du doch mal fällst.

Ich zeige Dir ein Leben
in Liebe und Glauben
und gebe Dir Hoffnung,
die Dein Leben begleitet.
Und ich stütze Dich
auf dem Weg durch diese Welt,
bin bei Dir und helfe Dir,
wenn Dir etwas schwerfällt.
Ich gebe Dir Hoffnung,

dass alles immer gut werden kann,
und wenn Du besorgt und traurig bist,
ist es die Hoffnung,
die Dir Trost spenden kann.

Hoffnung zeigt uns,
dass alles möglich ist,
dass wenn wir uns etwas wünschen,
uns die Hoffnung nicht vergisst.
Hoffnung gibt uns Mut
und lässt uns so einiges wagen,
sie lässt uns im Leben vieles ertragen.
Deshalb lebe stets ein Leben
voller erfüllter Träume,
weil Du alles schaffen kannst
– Lebe nur Deine Träume!

Wir alle hoffen stets auf ein besseres Leben,
aber vielleicht sollten wir nicht nur hoffen,
sondern es auch leben.
Und die Hoffnung stirbt zuletzt
und kann wie der Glaube Berge versetzen.
Mit Glaube, Liebe und Hoffnung im Herzen
wissen wir das Leben mehr zu schätzen.

Und so trage ich Dich,
seit es Dich gibt,
jeden einzelnen Schritt,
gehst Du mit mir mit.
Zusammen bewundern und staunen wir,

genießen wir,
jeden Moment
auf dem Weg durch die Welt.
Und ich halte Deine Hand, Dein Herz,
jeden Schritt, den Du gehst,
stütze Dich, tröste Dich,
wenn Du doch mal fällst.

Ich zeige Dir ein Leben
in Liebe und Glauben
und gebe Dir Hoffnung,
die Dein Leben begleitet.

Ich glaube an die Liebe,
die in allem und jedem ist,
die uns Hoffnung gibt
und uns niemals vergisst.
Die Liebe, die wir,
wenn wir es so wollen,
auch Gott nennen.
Die nicht immer sichtbar und greifbar ist,
die wir aber trotzdem alle kennen.

Anna Volk

*Anna Volk (*1987) hat katholische Theologie studiert und arbeitet jetzt in einer Fachklinik. Darüber hinaus engagiert sie sich als Mesnerin. Ihr künstlerischer Schwerpunkt bei Poetry Slams liegt vielfach auf dem Thema Muttersein.*

Ja, ich glaube.
Und das ist mir oft
der einzige Trost,
ist in der Welt
oder im Privatleben
mal wieder nichts
als Scheiße los.

Glaube. Hoffnung. Liebe.
Von Maron Fuchs

Ich glaube oft, ich hetze nur von Tag zu Tag,
mache zu viel, was ich muss,
und zu wenig, was ich mag.
Ich glaube, aufräumen und zum Sport gehen
sollte ich auch endlich mal wieder,
mehr lernen, mehr arbeiten, mehr leisten,
dabei ist mir der Gedanke daran schon zuwider.
Doch da ich ja weiß, dass ich mit Faulheit
meine Pflichten nicht erfüllen kann,
erledige ich die Mails, das Putzen, die Wäsche
und fang wieder zu lernen an.

Manchmal glaube ich,
das Leben wird zu kompliziert.
Jeden Tag sehe ich,
dass zu viel Schlimmes passiert.
Ich sehe Trauer, Armut, Verzweiflung und Tränen,
ich höre, wie Nachrichtensprecher täglich
etwas von Katastrophen und Kriegen erwähnen,
bekomme mit, wie Städte in Schutt und Asche liegen,
weil sich Menschen aus allen möglichen Gründen
bis aufs Äußerste bekriegen,
weil die Antwort auf Gewalt
oft Gewalt zu sein scheint,
statt ein Durchbruch des Teufelskreises,
der Entzweites vereint.

Ich sehe so viel Unterdrückung und Leid,
so viel Wahn, so viel Machtgier,
Extremismus und Sturheit.
Ich glaube oft, die Welt spielt völlig verrückt,
auf so viele Weisen,
und ich wünsche, ja, ich bete, dass diese
schrecklichen Situationen nicht völlig entgleisen.
Zu viele Menschen sind weltweit
von solchem Horror betroffen,
doch ich glaube an Vernunft, Menschlichkeit
und Liebe, darum wage ich zu hoffen.
Ich glaube an das Gute im Menschen,
auch wenn es wahrlich nicht jeder an den Tag legt.
Darum glaube ich daran, dass mühsame Arbeit,
Hand in Hand, die Welt hin zum Frieden bewegt.

Doch ich bin sicher, das wird noch lange dauern,
ich kleine Person kann da nicht so viel bewirken.
Ich bin kein hoher Amtsträger,
kein reicher Spender, kein riesiges Genie,
den Weg zum Weltfrieden ebne ich nie.
Ich bin nur eine kleine Idealistin,
jemand, der hofft, der bangt,
der seinen stressigen Alltag irgendwie bewältigt,
aber keiner von den ganz Großen,
der zu Lebzeiten ein Denkmal als Held kriegt.
Und trotzdem gebe ich nicht auf,
ich nutze meine Stärken
und arbeite an meinen Schwächen,

denn auch viele kleine Leute
können gemeinsam ganze Mauern durchbrechen.

Wer etwas verändern will,
muss im Kleinen bei sich anfangen,
also bleibe ich zuversichtlich und mutig,
also mache ich immer weiter,
so viel Kraft es manchmal frisst,
weil ich weiß, dass jeder Mensch stark
und etwas ganz Besonderes ist.
Weil ich glaube,
dass wir nicht alles allein schultern müssen,
wage ich es immer wieder, mich aufzuraffen.
Weil ich glaube,
dass jemand unsere Lasten mit uns trägt,
oder uns trägt, wenn wir es mal nicht weiter schaffen.

Ja, ich glaube. Und das ist mir oft der einzige Trost,
ist in der Welt oder im Privatleben
mal wieder nichts als Scheiße los.
Ja, ich glaube, dass es einen Gott gibt,
der mich liebt. Zu allen Zeiten.
Mit meinen Talenten, meinen Fehlern,
halt mit allen meinen Seiten.
Und nicht nur mich,
sondern jeden Menschen gleichermaßen,
denn wir sind alle gleich viel wert,
und jeder, der das anders sieht,
tut mir leid, der liegt verkehrt.

Darum hoffe ich darauf,
dass die Einsicht doch endlich ein Jeder gewinnt:
Der Wert eines Menschen ist nicht von Herkunft,
Alter, Geschlecht, Aussehen, Religion
oder sexueller Orientierung bestimmt.
Ich hoffe, dass in Zukunft alle Menschen auf Erden
endlich gleich und gerecht behandelt werden.
Akzeptiert, nicht nur toleriert,
denn ob jung oder alt, ob arm oder reich:
Ein Mensch ist ein Mensch.
Und seine Würde ist gleich.

Ich bin überzeugt,
in jeder Sekunde werden neue Weichen gestellt.
Es liegt in unserer Hand:
Also gestalten wir doch eine bessere Welt!
Gestalten wir die Zukunft,
wie wir sie uns wünschen. Wie sie uns gefällt.
Voll Offenheit, Umsicht, Freundlichkeit, Frieden,
eine, in der jeder zusammenhält.
Ich hoffe auf eine Welt voller Liebe,
eine Zukunft voll Glück,
halten mich auch manche Ängste zurück.
Ich frage mich schon,
was in dieser unberechenbaren Zukunft passiert.
Und ich hoffe zutiefst, dass keiner
der aktuellen Brandherde noch weiter eskaliert.
Doch ich weiß, ist die Situation
auch noch so unsicher und schwer.

Ich bekomme Rückhalt von Kolleginnen,
Freunden, Familie – und das erleichtert vieles sehr.

Denn ich liebe meine Familie, im Ganzen,
auch wenn Familie nicht immer einfach ist,
Und an Tagen ohne meine Geschwister
hab ich sogar diese Nervensägen oft vermisst.
Ich liebe – wenn auch etwas anders –
meine Freunde, meinen Freund,
ich liebe ruhige Momente,
in denen man sich die Zeit nimmt und träumt.
Ich liebe die Sprache, denn sie ist mein Mittel,
um mich jederzeit auszudrücken.
Ich liebe kalte Wintertage, an denen alle
mit Punsch und Plätzchen zusammenrücken.
Ich liebe Schokolade. Ich liebe Essen allgemein.
Ich liebe, dass ich die Freiheit und Möglichkeit habe,
so verdammt glücklich zu sein.
Ich liebe, dass es auf dieser Welt Menschen gibt,
die mir zuhören, wenn ich etwas sage,
die meine Leidenschaften und Ideale
mit mir teilen, die mir ihre Ohren schenken.
Ich liebe, dass nicht Gier, Hass
und Opportunismus sämtliche Gedanken lenken.
Ich liebe, dass viele vernünftige Leute
voller Überzeugung sagen:
In einer so vernetzten, komplizierten Welt
gibt es keine einfachen Antworten
auf komplexe Fragen.

Extremismus, Rassismus oder Fundamentalismus
sind keine Lösungen und helfen nicht weiter.
Es braucht Aufklärung, Dialoge und Mut
zur Veränderung in einer Zeit, der
kaum noch technische oder
überhaupt irgendwelche Grenzen gesetzt sind.
Ich liebe wirklich, dass noch lange
nicht jeder Mensch vor Angst, Sorge,
Wahn oder Unersättlichkeit spinnt.
Ich liebe, dass sich auch Jugendliche
schon mit der Zukunft befassen.
Und ich liebe, dass die Leute um mich herum
keinen Raum für Hass und Ablehnung lassen.

Ich glaube und hoffe und liebe so viel,
ihr habt es schon bemerkt.
Und all diese Gefühle werden von den Menschen
um mich herum noch mehr bestärkt.
Ich liebe, dass ich auf meinen Glauben hoffen kann.
Ich hoffe, dass mein Glaube mir stets zeigt,
wie man liebt.
Ich glaube, dass es immer Hoffnung auf Liebe gibt.

Maron Fuchs

*Maron Fuchs (*1995) ist Gymnasiallehrerin, Imkerin und Autorin. Mit ihren lebensbejahenden Texten, die von Herzen kommen, möchte sie ihrem Publikum etwas mitgeben. Mehr unter: www.maronfuchs.de*

Wissen schaf(f)t Glaube
Von Margarete Preis

„Er ist auferstanden. Er ist wahrhaftig auferstanden! Ich habe ihn mit eigenen Augen gesehen!"

Wissen Sie, wen ich meine? Oder *glauben* Sie es nur? Auferstehung! Glauben wir das? *Ja!* Stand es in der Zeitung? Dann *muss* es ja stimmen! Viele glauben ja, dass etwas stimmt, weil es halt *irgendwo* geschrieben steht.

Aber mal im Ernst: Wem glauben wir wirklich? Glauben Sie Ihrem Navi noch, nachdem es Sie einmal in den Rhein gelenkt hat? Oder dem ewigen Licht Ihrer „intelligenten" Kaffeemaschine, die wie eine Kirchenleitung signalisiert: „Entkalke mich..."? Da lob ich mir eine Kirche, die mir sagt, was richtig ist: Jungfrauen bekommen Kinder, Menschen gehen über Wasser, Geistliche haben Geist, Ehrenamtliche werden geehrt. Wenn ich wüsste, dass das stimmt, ich würde *alles* glauben! Ehrlich!

Andererseits glaube ich viel weniger von dem, was die, die selbst nichts glauben, glauben, was ich glaube. Ich glaube zum Beispiel *nicht*, dass die Erde in sieben Tagen entstanden ist. Ich denke, dass muss doch so ... bestimmt vier Wochen gedauert haben! Wenn ich bedenke, wie lang mein Mann braucht, um den Keller aufzuräumen!

Ist Glaube also für die Dummen und Wissenschaft für die Schlauen?

Nein! Erstens müssten unsere Kirchen dann ja rappelvoll sein. Und zweitens stehen Glaube und Wissen schon immer in einem spannungsreichen Verhältnis. Und das ist doch in jeder Beziehung so!

Liebe Menschen in Beziehungen, glauben wir nicht alle, dass wir die bessere Hälfte sind? Es geht doch immer um das große Ying-Yang, Schwarz-Weiß, Mann-Frau, Himmel-Hölle-Machtspielchen, das sich auch die Kirche jahrhundertelang zu Nutze gemacht hat. Und schwupps gab es statt Ying nur noch Yang, statt Weise nur noch schwarz, statt Frauen nur noch Jungfrauen und aus Hölle wurde Klerus... irgendwie so muss das gewesen sein.

Wie gut, dass es Frau *Weisheit* gibt! Die Weisheit ist in der Bibel übrigens weiblich, präexistent und Gottes erstes Geschöpf zugleich, Teil des Einen und zugleich bessere Hälfte: die Weisheit (schechina), oder „Sophia", wie sie im Griechischen genannt wird. Zeit auf'n Tee? Dann macht's euch mal gemütlich!

Frau Weisheit lädt zum Tee.
Auf ihrem Canapé
liegt Gott, der Herr, und keiner mehr,
ob eins, ob drei, ist einerlei —
nur SIE und ER und ER und SIE
in absoluter Harmonie.

Ein wunderbares Bild, finden Sie nicht auch?

Die Weisheit als bessere Hälfte Gottes mit einem Tässchen Darjeeling. Und während sie ihm Tee eingießt und Gott ein wenig Gebäck knabbert, verstehe ich für einen Moment all diejenigen, die sich Gott männlich vorstellen, weil sie zu Hause auch so einen auf dem Sofa rumhängen haben...

Da kommt ein kleiner Mann aufgeregt hereingestürmt. „Sie hat einen Bauchnabel!", schreit er, „Sie hat einen Bauchnabel!"

„Natürlich hat sie einen Bauchnabel!", sagt Frau Weisheit, „Sie ist schließlich ein Mensch!"

„Hey Adam", sagt Gott, „was ist dein Problem? Will Eva ein Bauchnabelpearcing machen lassen?"

„Du hast gesagt, sie ist aus meiner Rippe gemacht!", ruft er vorwurfsvoll, „Wieso hat sie dann einen Bauchnabel?!"

Sophia reicht ihm eine Tasse Tee, und schon befinden wir uns mitten in einer *tee-ologischen* Diskussion: „Du bist nicht der erste Mensch, Adam. Und Eva ist auch nicht aus deiner Rippe gemacht. Hast du nie gezählt, ob du noch alle beisammen hast?"

Betroffen tastet Adam sich ab. Wenn er nicht der erste Mensch ist, war dann schon einer vor ihm da? Und wenn ja, warum musste er dann unbedingt Eva heiraten, mit ihrem ungezügelten Appetit auf Obst und Gemüse? Ihretwegen sind sie schließlich aus dem Paradies geflogen – hätten sie mal besser die Schlange gegessen!

Das ist übrigens ein Grundprinzip menschlichen/männlichen Denkens: Ich bin der Erste, ich bin der Einzige, und wenn es mir schlecht geht, ist jemand anderes schuld, im Zweifel der „liebe Gott"!

Frau Weisheit lädt zum Tee.
Auf ihrem Canapé
sitzt Adam nun und ER und SIE
vereint beim Tässchen Tee-ologie...

Während Adam, der Erdling, noch seine Rippen zählt, sagt Gott: „Schade, dass die Menschen immer alles so wörtlich nehmen. Jeglicher Sinn für Mythos und Symbolik ist abhandengekommen."

„So sind sie", sagt Sophia, während sie in ihrem Tee rührt, „sie wollen einen starken Gott, den sie *Herr* nennen, aber kaum hauen wir mal richtig auf die Pauke, wollen sie lieber eine Glucke! Dabei kennen sie uns nicht wirklich. Wissen tun sie *nichts*!"

Wieder geht die Tür auf, ein Bärtiger stürmt herein und ruft: „Ich weiß, dass ich nicht weiß. Ich weiß, dass ich nicht weiß!"

„Der Sokrates", stöhnt Gott, „hat sein Problem immer noch nicht gelöst! Was du sagst, ist unlogisch! Du solltest Platon endlich mal fragen, wie dein Text weitergeht!"

Frau Weisheit bietet Sokrates einen Tee an, aber *Tee-ologie* ist nicht so sein Ding, er ist eher der philosophische Typ – viel Denken, wenig Handeln.

Frau Weisheit lädt zum Tee.
Auf ihrem Canapé
wird's langsam eng und etwas voll,
Gott fragt sich auch schon, was das soll...?!

„Mein Universum", sagt Gott, „bietet so faszinierende Alternativen zum Nichts, Milliarden von Dimensionen zwischen Zeit und Raum, unendliche Galaxien..."

Ein drittes Mal öffnet sich die Tür und ein Playmobilmännchen betritt den Raum. Die Anwesenden müssen sich weit herunterbeugen, um das feine Stimmchen zu verstehen.

„Hier stehe ich, ich kann nicht anders", sagt das Männchen – und kippt um, wie alle Playmo-Männchen, wegen der kleinen Füße. Im Liegen sagt es noch kurz: „Ich bin das meistverkaufte Playmo-Männchen aller Zeiten...", dann wird es still im Raum. Sophia hebt es mit zarten Händen auf.

„Es sieht Martin Luther ähnlich", sagt sie, aber den hatte ich *viel* größer in Erinnerung!?"

„Hat er einen Bauchnabel?" fragt Adam. Sokrates... weiß es nicht. Gott sagt: „Der kommt schon wieder auf die Beine! Ich bin auf seiner Seite!"

Sophia ist sich nicht sicher, ob der Satz ökume-
nisch angebracht ist, lässt ihn aber stehen, da sich ja
jeder seinen Teil denken kann...

Frau Weisheit lädt zum Tee.
Auf ihrem Canapé
liegt SIE und ich und ER und du
und jeder hört dem andren zu,
egal, ob Moslem, Jude, Christ,
weil ja die Weisheit wichtig ist.
In absoluter Harmonie
betreiben sie Tee-ologie!

So treffen sich am Sofarand
auch Katholik und Protestant.
Sie teilen sich ein Kissen,
weil sie's nicht besser wissen.
Frau Weisheit sagt: So muss es sein,
nun teilt auch endlich Brot und Wein!

„Du meinst", sagt Gott, „es besteht doch noch
Hoffnung?" Und Sophia antwortet lächelnd:
„Abwarten und Tee trinken!

Margarete Preis
*Margarete Preis (*1957) ist Religionspädagogin, Prädikan-*
tin in Urdenbach und engagiert sich ehrenamtlich. Sie liebt
die tiefe Poesie der Bibel, aber auch, Texte gegen den Strich
zu bürsten.

Wortansammlung
Von Sarah Laubvogel-Dallimore

Am Anfang war das Wort.
Mit einem Wort fängt alles an.
Nur durch ein Wort weißt du oft woran
du bist.
Wenn du nur ein Wort vermisst,
verliert dein Satz oft den Sinn.
Du weißt nicht mehr wohin
mit diesem einen Wort.
An welchen Ort gehört es?

Doch nun lasse ich Gott zu Wort kommen,
habe mir das fest vorgenommen.
Er hat sehr viel zu sagen,
ihn kannst du alles fragen.
Wenn er spricht
leuchtet ein Licht,
das in vielen Farben und Worten strahlt,
nie mehr erlischt.
Gottes Worte sind kreativ,
malen Lieder, singen Bilder,
meistens im Dativ.
Seine Worte sind Poesie, Poedu, Poewir, Poeuns,
sie sind voller Gunst,
sie sind für alle da, für alle nahbar.
Die Bibel, Gottes Wort klingt oft wie ein Gedicht:
Wenn Gott gekleidet ist in Licht,
ich unter dem Schatten des Allmächtigen sitz'.

Wenn er dich krönt mit Gnade und Barmherzigkeit,
wir mit fröhlichem Schall spielen die Sait.
Wortschöpfung entsteht ständig,
sie ist immer lebendig.
Wortschöpfung ist Kunst.
Ein wahres Kunstwerk ist nicht nur das Ergebnis,
sondern das Erlebnis,
das Schaffen, das Dichten,
das Werken ist das Kunstwerk.
Auch wenn es wieder vergeht,
nur kurz vor dir steht.
Trotzdem prägt
es dich und den Betrachter.
Was zählt ist nicht nur das Ergebnis,
sondern das Erlebnis,
das Suchen nach Worten.
Es so zu sehen, versetzt dich ins Hier und Jetzt.

Werdet wie die Kinder, die einfach sind.
Sei du selber der,
der dir den Anspruch nimmt,
ein perfektes Ergebnis zu erreichen.
Dann wird der Druck weichen.
Entstehende Kunst ist die Gunst.
Kunst wandert vom Ergebnis zum Erlebnis,
vom Stammeln der Wörter zum Ausrufezeichen.
Schon werden die Fragezeichen weichen.
Du bist im Ebenbild des Schöpfers geschaffen,
also schaffe, was das Zeug hält
aus allem, was dir auf den Weg fällt.

Das Schaffen treibt dich nicht in die Erschöpfung,
sondern trägt dazu bei,
Kraft zu schöpfen.
Seien es auch nur kurze Worte,
kleine Tröpfchen.
Bleib im Schaffen und Kreieren.
Die Schönheit darin zu kapieren,
ist kostbar und wahr.

Worte können sich manifestieren,
so manches Wort will dich belügen,
dafür sorgen, dass die Scheine trügen.
Solche Worte kommen oft in Schüben,
tun sich zusammen und werden zu Glaubenssätzen,
wollen sich mit Zweifeln vernetzen,
sich in deinem Selbstwert festsetzen.
Du kannst mit diesen falschen Freunden brechen,
lass einfach gute Worte sprechen.

Du bist geliebt, bist genug.
Bist angenommen. Durch Gnade
kannst du loslassen von jeder Fassade.
Wenn Masken fallen,
dann kann Ehrlichkeit freien Lauf haben,
frei von Fassaden.
Warst so schwer beladen
mit dieser Maske, die keiner braucht.
Die Maske, die nur Kraft raubt,
viel zu viel wiegt,
dein Sein verbiegt

bis es ganz am Boden liegt.
Die Masken liegen nun daneben,
Darfst von nun an ohne sie leben,
endlich Leben.
Echtheit hat Raum
Endlich kein Traum
mehr.

Ich kann nur sagen:
Am Anfang war das Wort.
Auch am Ende findet ein Wort
den richtigen Ort.
Mein Wort heißt Neuanfang.
Ich verabschiede mich.
Die Maske kann gehen.
Ich brauche sie nicht.
Will sie nie mehr sehen.

Brauch mein wahres Ich nicht verbergen,
kann meine eigene Freundin werden.
Echtheit darf endlich ans Licht.
Ich schäme mich nicht.

Sarah Laubvogel-Dallimore
*Sarah Laubvogel-Dallimore (*1983) arbeitet als Gemeinde-
pädagogin und singt freiberuflich. In Poesie und Gesang kann
sie Worte, Metaphern und Töne für Lebensthemen finden, die
alle Menschen kennen.*

Ich weiß es besser
Von Elias Raatz

Auch wenn die Zeiten sind hart
und es schmerzt dir durch Leib und durch Mark,
Du selber auf dich hast ne' Wut
und denkst, es wird nicht wieder gut.

Wenn Du gerade der Meinung bist,
dass dein Leben scheiße ist,
glaube mir, verlier die Hoffnung nicht,
auch wenn Verzweiflung aus dir spricht.

Ich sage dir, zweifle nicht, denn du bist toll,
ja an sich richtig wundervoll.
Du glaubst mir nicht? Wirst immer blässer?
Vertraue mir, ich weiß es besser!

Elias Raatz

*Elias Raatz (*1997) arbeitet primär als Moderator, Autor und Künstler. Er studierte Medienwissenschaften in Tübingen, wo er mittlerweile auch lebt.*
Mehr unter: www.elias-raatz.de

Jener Weg,
wo meine Lebensreise begann,
kann ich nicht mehr ändern,
aber vielleicht den Übergang.

Der Weg gibt dir die Antwort
Von Markus Brenner

Vorwort:

Als leidenschaftlicher Prädikant (ehrenamtlicher Prediger der evangelischen Landeskirche) liebe ich die dramaturgische Homiletik – das überwältigende Zusammenspiel von Spannung, Bild und Wort.

Meinen folgenden Text „Der Weg gibt die Antwort" habe ich einst als Predigt aufgeführt. Er handelt von meiner ersten Pilger-Wanderung, die ziemlich chaotisch gestartet war, aber umso eindrücklich-schöner endete: Mit der wunderbaren Erkenntnis im Rucksack, dass es (nicht nur) wenn man sich verlaufen hat einen lebendigen Gott gibt, der mich sieht, der mir entgegenkommt, mich an die Hand nimmt und mich an seinen reich gedeckten Tisch einlädt. Um auszuruhen, meinen Durst zu stillen und um Gemeinschaft mit ihm zu haben. Man(n) oder Frau muss sich nur auf den Weg machen…

Nicht oft, eher selten, aber wenn, dann richtig,
wenn Hannes anruft, dann ist es richtig wichtig.
Nie schlicht, nie in der Kürze sichtig,
schon gar nie nichtig.

Nach „wie geht's – wie steht's"
kommt „wird schon und muss".

Dann kommt sein Anliegen,
das Wahre endlich zum Schluss:
„Ich gehe zum Pilgern, auf Jakobs Schritten,
auf seinen Wegen, auf seinen Tritten.

Biste fit? Kommste mit?
Denn an Jakobs Segen wäre mir sehr gelegen,
daher möchte ich anregen,
mit mir die Füße zu bewegen."

Ich: „Ich und Wandern?
Von einem Ort zum andern?
Bin eher so ein Typ zum Schlampern.
Zumal mit meinen Knien
und meinen alten Knochen,
hatte gedacht, das hätten wir schon besprochen?
Derweil, da wären meinerseits noch Fragen,
ob ich das Projekt, wie soll ich sagen,
könnte wagen, ohne zu verzagen.
Zur Not – musste man mich halt tragen."

„Keine Angst", sagt Hannes, „du kannst es!
Und außerdem, hör auf zu fleh'n,
du wirst schon sehn,
wenn du noch bist so besorgt,
sagt dir der alte Pilger-Jakob:
Der Weg gibt DIR die Antwort!,
den Rest sehen wir dann vor Ort.
Also zick nicht rum, sei kein Lappen,
das Glück ist mit des Schusters Rappen.

Gründonnerstag geht's los – Marsch, Marsch!"
Ich denk nur: „Leck mich am A…"

Am nächsten Tag fange ich an,
mein Bündel zu packen: 30 Kilo im Gepäck
Oh my Lord, ich bin dann mal weg,
und ab sofort gibt der Weg die Antwort.

Der erste Tag, die ersten Schritte, die erste Zeit,
von wegen „vergnügt, erlöst, befreit".
Nach 30 Kilometer kam der Neid,
warum kann man die ganze Angelegenheit,
diesen verflixten Pilgerweg, meilenweit,
nicht mit dem Auto fahr'n?
Aber ich schweig'
und gehe nicht in den Streik.

Ein neuer Morgen, ein neuer Schmerz,
mit neuen Blasen, vorwärts, vorwärts,
mit fröhlichem Herz und freudiger Terz.

Horch, was kommt von draußen rein?
Kälte, Nebel und kein Sonnenschein,
darf's noch etwas Regen sein?
Egal, das P in Markus steht ja für „Pein".

Hannes trällert im fröhlichen Akkord:
„Auf, auf! Es wird schon für uns gesorgt.
Auf, auf! Von oben kommt unser Support.
Lauf, Lauf! Der Weg gibt dir die Antwort."

So laufen wir, mental geseh'n, Hand in Hand,
so zieh'n die Stunden ins „Kein schöner Land",
in dieser Zeit, da voll Freud,
Gott loben, das ist doch unser Amt!

Gegen Abend steht in Gestalt eines großen Walds,
nur noch dieser im Weg zum Ziel,
als Pilger braucht man ja nicht viel,
aber eine Herberge halt, bald,
vor allem, wo es nicht mehr so kalt
ist, ein warmes Asyl, ist doch der Deal.
„Bist", fragt Hannes: „noch stabil, so vom Gefühl?"

„Ich lauf schon mal vor", flötet er fröhlich,
„nur noch 5000 Meter und – trödle nicht!
Immer geradeaus, wenn möglich.
Tschö mit Ö!", und er entfernte sich.

Und als ich so ein wenig denke,
an „Mord" – so als Sport,
ruft er zurück ohne einen Blick:
„Der Weg gibt dir doch die Antwort!"
Oh, was für ein Glück!

Gottes Wege sind unergründlich, unfrequentiert,
vor allem mitten im Wald auch unasphaltiert,
noch dazu unbeschildert, dafür wild verwildert.

Der Rucksack schmerzt sehr schwer,
die Flaschen schon lange leerer als leer.

Dank, der fehlenden mobilen Daten,
die sich nicht in diesen Dschungel wagen,
funktionieren nicht die digitalen Wanderkarten,
am Phone, dem smarten.
So muss ich halt raten und lauf im Kreis,
dann muss Hannes halt warten, so ein Scheiß.

Nach einer weiteren runden Stunde,
liegt wieder ein Wegekreuz zu Grunde.
Links oder rechts?
Mit welcher Richtung bin ich im Bunde?
Oder lieber geradeaus?
Wäre das das Profunde? Das Gesunde?

Lebens-Kreuzungen gibt es viele im echten Leben.
Muss ich in eine andere Richtung streben?
Raus aus dem Alltags-Schneckenhaus?
Hat die Zukunft mir woanders mehr zu geben?
Oder einfach immer weiter geradeaus?

Alles beim Alten zu belassen
und gleichzeitig hoffen, dass sich was ändert,
dass sich was wendet?
Oder raus aus den Sackgassen und ganz gelassen
den Kreisverkehr verlassen, der nie endet?
Nicht rückwärtsgehen, nur rückwärts verstehen,
hilft das beim Sehen?
Vorwärts leben, vorwärts gehen?
Sein oder nicht Schein?
Das ist doch immer die Frage.

Führt der breite Weg zum Ziel?
Innendrin immer die Klage, die unklare Lage!
Ist immer nur Karfreitag das, was ich will?
Ist das der Deal?

Jedes Ende ist immer auch ein Anfang, irgendwann.
Jenen Weg, wo meine Lebensreise begann,
kann ich nicht mehr ändern,
aber vielleicht den Übergang.
Nur wenn man wandert,
an seinem Kompass entlang,
kommt man, aus dem Stillstand dann!

Such, wer da will, ein anderes Ziel,
die Seligkeit zu finden,
ich bin einfach nur schlapp,
lass mich führen und biege ab,
wandere aus dem Tal, dem finstern.
Müde und matt sehe ich endlich die Stadt,
so kann ich dem dunklen Wald entschwinden,
habe ihn so satt.

Endlich, am Horizont wohnt meine Pilgerstätte.
Als ich näherkomm, erscheint einen nette, adrette
ältere Frau und kommt mir entgegen,
was ein Segen. Ich kann mich kaum noch bewegen,
geschweige denn noch regen.

Sie führt mich herein:
„Hab sie von Weitem beobacht' und mir gedacht,

der sieht so fertig drein,
das muss der angekündigte Pilger sein –
und hab sacht,
ein wärmendes Feuer im Ofen entfacht."

Der Tisch vor meinem Angesicht ist reich gedeckt,
mit selbstgebackenem Brot,
gegen die gedrohte Hungers-Not.
Mit Wurst und Käse und Speck, Respekt!
Auch duftender Kuchen, der lecker schmeckt.

Vor allem mit einer Masse an Wasser,
frisch und klar,
dass ich reichlich fließen lasse, wie wunderbar,
in meine durstige Kehle, in meine suchende Seele.

Nach den ersten beglückenden Schlücken,
fühlt sich das Wasser so wundervoll lebendig an.
Und so werden aus all den Bruchstücken
meiner Kreuz- und Quer-Wanderung dann,
was mich die Route lehren kann:

Der Mann,
dort aus dem leeren Grab,
der mir zu verstehen gab:
„Es ist vollbracht! Sei stark!"

Ostern lässt sich so verstehen,
egal wo wir geh'n oder steh'n,
ist einer da, der mich von Weitem sieht,

mir vergibt und mich schon immer hat geliebt,
mir entgegenkommt Tag für Tag
und mich an der Hand nehmen mag.

Er führt mich, wenn ich ihm vertraue,
zu seinem Haus, das er für mich baute,
zu seinem Wasser des Lebens,
dass wir nicht vergebens,
für immer im dunklen Wald schweben,
wie von der Welt vorgegeben.

Er, der auch leibhaftig wanderte durchs finstre Tal,
ist selber der Weg, die Wahrheit und das Leben.
So habe ich doch gar keine andre Wahl,
zu allen Zeiten auf meinen Wegen,
mich an ihn zu kleben
und bis in alle seine Ewigkeiten,
mich mit ihm zu bewegen.

So hat mir damals eben
von seiner Liebe umgeben
der Weg doch noch die Antwort gegeben.

Markus Brenner

*Markus Brenner (*1968) ist begeisteter Prädikant und leidenschaftlicher Gärtner. Er ist fasziniert davon, was aus dem
Liebesspiel von Sprache, Buchstaben, Reim und Rhythmus
immer wieder neu poetisch geboren wird.*

Trotzkraft
Von Ursula Hauer

Ich bin dagegen.

Prinzipiell und jeden Tag neu. Immer, wenn ich die Nachrichten sehe oder höre, dann werde ich betroffen, traurig, wütend und irgendwie trotzig. Ich möchte laut „Nein" rufen, oder „So geht das doch nicht". Ich bin dann wohl trotzig und stur, denn ich will das nicht. Ich bin nun mal dagegen und bleibe trotzig dabei: Ich bin gegen Ungerechtigkeit, Gewalt, Hass, Leiden, Armut in dieser Welt.

Trotzig, das klingt nach Trotzphase, nach kindisch oder pubertär. Ich bin doch längst erwachsen, aber bin immer wieder trotzig. Und das möchte ich auch bleiben, in einer guten Art und Weise. Ich will mich nicht abfinden mit dem Elend dieser Welt. Ich bin dagegen und will dagegen sein und es bleiben. Dann bin ich eben trotzig. Denn in meinem Trotz liegt Kraft; eine gute Trotzkraft.

„Trotzdem" ist ein richtig gutes Wort mit einem nachdrücklichen Klang. Manche begnügen sich mit dem Wort „dennoch", mir gefällt trotz-dem besser. Das klingt schon irgendwie nach Kraft. Ich möchte mit einem guten TROTZdem leben.

Ich will leben trotz dieser Aussichtslosigkeit, die sich breit macht, die viel zu viel Platz einnimmt, die eine ungemeine Dynamik hat und ansteckend ist. Ich biete meinen Trotz dagegen. Ich setzte meine ganze Trotzkraft voll dagegen.

Ich will dagegen leben, gegen diese Aussichtslosigkeit. Aber immer nur dagegen sein, reicht natürlich nicht. Ich will leben für die Hoffnung. Ich möchte trotzig glauben, dass Veränderung möglich ist. Immer wieder und immer öfter: glauben und hoffen. Die Hoffnung kann mir keiner nehmen. Ich gestatte sie mir selbst und allen anderen. Ich erlaube mir immer wieder zu hoffen.

Ich möchte hoffen mit allem, was ich bin. Hoffen gegen das Elend, hoffen für eine bessere Welt. Eine Welt, in der uns der Glaube und die Hoffnung zu einem liebevollen Lebenswandel führt. Mein Lebenswandel soll helfen, dass sich Frust in Lust verwandelt, dass sich Wut in Mut verwandelt, dass sich Menschen trauen und vertrauen. Dann wandelt sich auch meine dagegen-Trotzkraft in eine für-sorgliche Lebenskraft und Liebeskraft.

Denn: Glaube, Hoffnung, Liebe, diese drei, sie bleiben. Egal, was passiert:

Das will ich glauben – mit allen, durch alles hindurch und trotz allem, was passiert.

Ursula Hauer

*Ursula Hauer (*1962) arbeitet ehrenamtlich als christliche Lebensberaterin in der Gemeinde Feuerbach. Neben ihrer Gottesbeziehung ist ihr auch das Schreiben wichtig, zum Beispiel von Artikeln, Predigten und Poetry-Texten.*

48

Glaube
Von Mila Bubliy

berge versetzen
als wären es legosteine
bloß wohin damit

führe mich nicht in
eine sackgasse okay
passiert den besten

du wirst schon sehen
deshalb macht es keinen sinn
es gibt da noch mehr

kein volleyball trifft uns
an der hecke im freibad
schatten der flügel

auch wenn das eis schmilzt
das beste aller zeiten
wo wir dann bleiben

Mila Bubliy

Mila Bubliy ist international ausgestellte Künstlerin. Ihre Mixed Media-Werke beschäftigen sich mit Gesellschaft und Umwelt. Ihre literarische Arbeit greift diese Multiperspektivität auf — unter anderem in Form von Kurzgedichten.

Und sieh nur,
du bist nun
im Fluss des Lebens!

Und dort wird's Licht
Von Eberhard Kleinschmidt

Du tastest dich mit zögerlichen Tritten
auf der grad abgelauf'nen Jahresbahn
in unbekanntes Land – und das inmitten
der Last, die nicht bereit warst zu bejah'n,
weil in der Brust Gefühle in dir stritten,
ob's recht, zu hadern mit des Lebens Plan.
Wer weiß denn schon, was uns ist vorbestimmt?
Wer sagt vorher, wohin der Weg uns nimmt?

Doch alles, was das Leben offeriert,
wird akzeptiert erst, wenn wir sind bereit:
Wir sind vielleicht grad anders orientiert;
für das, was ansteht, passt uns nicht die Zeit;
vor allen Dingen sind wir konsterniert,
sobald uns überfällt abruptes Leid.
Wer denkt an Tiefen, die's gilt zu durchschreiten,
und Höhen, die nur allzu leicht entgleiten?

Eh du jetzt anfängst, dich umsonst zu sorgen,
dass dir die Zukunft sei vielleicht abhold,
dass du dich nicht mehr fühlst geborgen,
wenn dir das Leben den Tribut nicht zollt,
ja dass bereits dein nächster Morgen
nicht linienförmig, wie von dir gewollt –
dann mach dich doch von alledem mal frei,
schau auf den neuen Weg, wie der wohl sei!

Und dieser Weg, der vor dir tut sich auf,
ist nicht so düster, wie die Furcht ihn malt.
Wenn du dich drauf lässt ein, dann ist sein Lauf
an Farben reich, ist bunt, ist froh, er prahlt
mit seiner Pracht, er lacht am End' hellauf,
weil es für dich sich schließlich macht bezahlt,
dass du ihn gehst: Denn er beengt dich nicht,
bleibt offen, öffnet Auge, Blick und Sicht.

Und sieh nur, du bist nun im Fluss des Lebens!
Du bist bereit jetzt, dich ihm hinzugeben.
Du spürst es, dass es nicht mehr ist vergebens,
auch mal zurück zu schau'n in deinem Leben,
anstatt die Zukunft bloß als Ziel des Strebens
im Blick zu haben, gar dran festzukleben.
Lass sinnend mal an dir vorübergleiten,
was dir begegnet ist in früh'ren Zeiten!

Da sind dann gleich all die Erinnerungen,
die dein Erleben haben reich gemacht:
„Ach ja, wie schön war's, als mir das gelungen!
Ein Glücksgefühl im Herzen hat's entfacht.
Ja, die Erfolge, die ich hab errungen,
was überhaupt ich damals hab erdacht,
es stimmt, wenn ich dran denke, wieder heiter
und klingt bis heute so noch in mir weiter.

Wenn ich wie jetzt im Flusse der Gedanken,
dann komm' ich nicht umhin, mit zu bedenken,

dass es in meinem Leben manche Schranken
gab, die mich wollten anderswohin lenken,
als vorgehabt, ja, die mich heftig schwanken
ließen, mir rein gar nichts wollten schenken.
Ich hab's gemeistert, möchte es nicht missen,
gehört es doch zu meines Lebens Wissen.

Ich weiß nun: In des Lebens Farbenspiel,
da mischt mein Weg mal dunkle Töne rein.
Nicht drin verharren, weiter geh'n, ein Ziel
vor Augen und im Blick den hellen Schein
am End' des Weges – dies als Lebensstil!
Das ist des Weisen Stein zum Glücklichsein!
Und wenn's erneut mir mal an was gebricht,
schau ich nach vorn:
Dort hinten wird's doch wieder licht …"

Eberhard Kleinschmidt

*Eberhard Kleinschmidt (*1939) ist der älteste aktive Poetry Slammer Deutschlands. Seit dem Studium ist er als Poet unterwegs, heute ist er laut Wikipedia „ein deutscher Lyriker".*

Empfehlung:

Eberhard Kleinschmidt schreibt seit über 20 Jahren zum Jahreswechsel ein Gedicht zu einem ausgewählten Bild. Jetzt endlich alle Gedichte in einer Sammlung zusammengestellt: Der etwas andere Neujahrsgruß. Gedichte zum Jahreswechsel. ISBN: 978-3-98809-000-3 | dichterwettstreit-deluxe.de

Lass uns
Jäger der
Freude werden!

Freude
Von Annalena Schuh

Ich stolpere
und foltere mich
durch einen Dschungel
von to-do Listen
und „so hast du zu sein"-Kisten.
Ich zwänge und schlängle mich
durchs Gedränge von Partynächten
und durchweinten Morgen,
während ich von blutigen Schlagzeilen getroffen
und von Instagram-Gezwitscher beschallt werde.

Es zählt nur mehr,
wer das schönste Kleid trägt,
die meisten Likes zählt,
sich am frühesten vermählt,
die besten Fakten erzählt,
wer sich mit wem versteht,
und wer eigentlich überall als Gewinner hervorgeht.

Und am Ende des Tages ist das einzige, das bleibt:
Schmerz, und nicht Freude.
Wie kommt es, dass ich da nicht die Einzige bin,
die sich hier foltert und stolpert
durch ihr *bisschen* verzwicktes Leben,
die sich hier zwängt und drängt
und versucht nicht aufzugeben?
Sind wir nicht alle ein *bisschen* so?

Ein *bisschen* unfroh, ein *bisschen* unzufrieden.
Versuchen uns für alle und jeden zu verbiegen,
und gleichzeitig originell zu sein.

Wir leben im Überfluss
und sind trotzdem innerlich leer,
sind übersatt
aber hungern dennoch immer nach mehr.
Wir sind im Hamsterrad des Alltags gefangen
und haben im Urwald des Twitter-Gezwitschers
und Schlagzeilengewitters
die Hoffnung auf Freude
verloren.

In all unserm Stolpern und Poltern,
dem Drängeln und Quengeln
klingen die Worte Jesu nur leise,
gar provokant,
wenn er sagt:

*Das habe ich euch gesagt, auf dass meine Freude in euch sei
und eure Freude vollkommen werde.* (Joh 15,11)

Da ist Freude mehr als ein bloßes Hochgefühl,
keine einfache Euphorie,
mehr als die kurze Ekstase
einer durchtanzten Nacht
oder die Folge der Endorphinmanie.

Mehr als eine Achterbahn der Gefühle,
eher so ein Zusammentragen
der Friedensmoleküle.
Freude ist mehr als nur Spaß haben,
es ist ein Ja-Sagen,
für das Gute, für *ihn*.
Es ist ein Augen-Öffnen,
vielleicht einmal die Münze umdrehen,
auch die Sonnenseite sehen,
wenn ich gerade nur Regen auf meiner Haut spür'
und objektiv gesehen klatschnass bin.

Also wage den Schritt, dich zwischen dem Stolpern
und Foltern durch to-do Listen
und „wer bin ich wirklich"-Krisen,
zwischen dem Quengeln und Zwängen
durch Social-Media-Kanäle
und durchweinten Nächten,
dich für die Freude zu entscheiden.
Das heißt nicht,
blinden Optimismus zu zeigen,
es kann auch heißen realistisch zu weinen,
aber die Freude zu behalten,
die Hoffnung nicht zu verlieren.

Also lass uns Jäger der Freude werden,
nicht von einem *Fast-Food-Spaß*,
sondern von einem *hier bliebt was.*

Lass uns Dankbarkeit üben,
nicht immer streben nach dem Leben da drüben,
sondern die kleinen Tages-Lichtblicke,
unsre Sternstunden (so klein sie auch sein mögen)
zu sammeln, und leuchten zu lassen.
Lass uns unsre Scheuklappen öffnen,
unsre enge Stirn weiten,
und bei Zeiten
auch für andere leben, geben,
dienen und großzügig schenken.
Lass uns Schubladen sprengen
uns wagen, die Kontrolle
wie Helium Ballons loszulassen.

Unser Vertrauen
in schwindelerregende Höhen steigen zu sehen.
Lass uns mit einem freimütigen Herzen,
einmal die Erwartungen ein bisschen bremsen
und mit Gelassenheit leben,
und trotzdem nach ganz oben streben.

Und lass uns Ballast abwerfen.
Lass uns keine Lastenträger, Packesel sein,
sondern Höhenflieger, die nach dem Himmel schrei'n.

Lass uns das,
was uns das Leben vielleicht an Wunden,
an Tränen gezeichnete Stunden,
zugefügt hat, abgeben,
um mit freien Händen

seine Freude neu zu ergreifen.
Und lass uns das nächste Mal,
wenn wir stolpern und poltern,
wenn wir uns zwängen und drängen
an das erinnern, was uns zugesagt wurde,
an die Freude,
die unsere Situation übersteigt,
an die Hoffnung,
die für immer bleibt.

Annalena Schuh

*Annalena Schuh (*1999) liebt als Lehrerin die Arbeit mit
Kindern. Ihr Glaube bildet das Fundament ihres Lebens. Da
sie diese Freude nicht für sich behalten kann und will, handelt
ein Großteil ihrer Poetry-Texte von diesem Thema.*

Weil man doch nicht mit Kindern
über Krankheit und Tod reden kann.
Er möchte ihnen so gerne helfen
und zündet vorne eine Kerze an.

Mut
Von Lea Sophie Keller

Auf dem Boden steht ihr Ranzen
In ihrem Blick, da tobt ein Sturm
Gedankenpflanzen wachsen
Aus ihrem kleinen Herzensturm

Wenn Papa fragt:
„Ist der Ranzen schon gepackt?“
Und alles in Chiara
Irgendwie zusammensackt

Wenn Mama sagt:
„Es ist wirklich höchste Zeit“
Und irgendwas in Chiara
Leise weint und schreit

Dann packt sie ihren Ranzen
Fein säuberlich sortiert
Beginnt Chaos zu tanzen
Während es sich addiert

Den Ranzen packt sie
Sie packt ihn nicht gern
Sie fühlt sich irgendwie
Etwas kaputt im Kern

In ihren Ranzen
Packt sie Wut

Wut
Weil ihre Katze Lucy starb
Weil sie das alles nicht versteht
Weil sie am liebsten bei ihr wär'
Und stattdessen in die Schule geht

Weil da Gefühle im Kopf kreisen
Doch sie bleibt einfach still
„Du bekommst eine neue Katze"
Ist gerade nicht, was sie hören will

Weil die ganze Welt meint
Sie weiß, wie sie sich fühlt
Aber keiner nachempfinden kann
Was sie gerade aufwühlt

Am liebsten würde sie schreien
Doch dafür fühlt sie sich zu leer
Sie denkt an ihre Katze
Sie vermisst sie so sehr

In ihren Ranzen
Packt sie Trauer

Trauer
Weil Lucy plötzlich weg ist
Und immer an ihrer Seite war
Wenn ihre Eltern stritten
War Lucy immer für sie da

Weil sie zusammen spielten
Ohne sie ist es trist
Hoffentlich geht es ihr gut
Da, wo sie jetzt ist

In ihren Ranzen
Packt sie Fragen

Fragen
Warum man sterben muss
Wenn man doch lieber leben will
Wo ist denn da Gott?
Warum ist der so still?

Wo ist Lucy jetzt?
Und muss ich da auch mal hin?
Alles im Kopf dreht sich
Und ergibt doch keinen Sinn

So viele Gedanken
Der Ranzen ist gefüllt
Vom Gedankenchaos
In Trauer eingehüllt

So viele Steine im Ranzen verborgen
So viele kleine große saugende Sorgen
Da passt das Deutschbuch nicht mehr rein
In das Gedankenwirrwarr
Sie wünscht sich doch einfach
Das was früher einmal war

Auf dem Boden steht sein Ranzen
In seinem Blick schwarze Leere
Gedankenpflanzen tanzen
Und er spürt diese Schwere

Wenn Mama fragt:
„Ist der Ranzen schon gepackt?“
Und dann alles in Nick
Irgendwie zusammensackt

Wenn Papa sagt:
„Es ist wirklich höchste Zeit“
Und irgendetwas in Nick
Leise weint und schreit

Dann fängt er an zu packen
Mit missmutigem Blick
Gedanken zu zerhacken
Denn etwas tobt in Nick

Den Ranzen packt er
Er packt ihn nicht gern
Ein Gedankenmeer
Und er kann nicht lern'
In seinen Ranzen
Packt er Angst

Angst
Weil Papa kaum mehr isst
Und er so oft im Bett liegt

Weil er doch mal dick war
Und jetzt kaum was mehr wiegt

Weil Mama am Tisch sitzt
Und auf einmal weint
Obwohl alles draußen fröhlich ist
Und die Sonne draußen scheint

Weil sie es ihm nicht sagen
Was da vor sich geht
Er merkt doch, dass da
Irgendwas im Raum steht

In seinen Ranzen
Packt er Schuld

Schuld
Weil Papa oft nicht richtig atmet
Und dann so komisch schnaubt
Und er dann manchmal seinem Papa
Den allerletzten Nerv raubt

Weil er doch manchmal nicht hört
Und Mama nicht mehr lacht
Weil er irgendwie glaubt
Dass er alles noch schlimmer gemacht

In seinen Ranzen
Packt er Fragen

Fragen
Warum sie nicht mehr spielen?
Und Papa manchmal schreit?
Warum ist jetzt alles anders?
Warum gibt es Leid?

Wie kann er Papa helfen?
Hat Nick denn Schuld daran?
Dass Mama weint und Papa
Nicht mehr lachen kann?

Warum muss er in die Schule?
Konzentrieren viel zu schwer
Wenn er doch viel lieber
Bei seinem Papa wär'

So viele Gedanken
Die im Innern tanzen
So viele Schranken
Versteckt in seinem Ranzen

So viele Narben, die Geschichten weinen
So viele Farben, die in Schwarz scheinen

Das Mathebuch passt nicht mehr rein
In den Magen der Gedanken
Das Herz zu groß, der Kopf zu klein
Die Gefühle im Kopf schwanken

Und wenn die Schulglocke ertönt
Dann stehen da die Ranzen
Und wenn der Schädel ganz doll dröhnt
Dann fängt Angst an zu tanzen

Wenn der Lehrer sagt:
„Habt ihr die Aufgaben gemacht?"
Und alles in Chiara irgendwie zusammensackt
„Wir schreiben einen Test"
Und der kleine Nick die Hälfte darin auslässt

Dann schaut er in die Ranzen rein
Kein Buch, kein Stift, kein Blatt darin
Gedanken und Gefühle sind schwer
Doch sie machen keinen Sinn

Der Lehrer öffnet seine Tasche
Und schaut beängstigt rein
Er weiß nicht, was er tun soll
Eigentlich darf das ja nicht sein

In seine Tasche
Packt er Überforderung

Überforderung
Weil er doch weitermachen muss
Und die Stunden doch nicht reichen
Er kann doch nicht ständig
Vom Lehrplan abweichen

Weil man doch nicht mit Kindern
Über Krankheit und Tod reden kann
Er möchte ihnen so gerne helfen
Und zündet vorne eine Kerze an

In seine Tasche
Packt er Erfahrung

Erfahrung wie es ist
Wenn Menschen plötzlich gehen
Früher waren sie noch da
Und nun kann man sie nicht mehr sehen

Wie soll er was erklären
Was er selbst nicht versteht
Niemand findet echte Worte
Wenn sich alles im Kopf dreht

In seine Tasche
Packt er Fragen

Fragen
Warum es Tod überhaupt gibt?
Und man ihn nicht erklären kann?
Wie man mit Kindern drüber redet?
Und wie geht man da ran?

Wie alt müssen Kinder sein?
Warum lässt Gott das zu?

Warum ist der Tod
So ein großes Tabu?

In deine Schultasche
Packst du Mut

Mut
Mit Kindern zu sprechen
Über Themen, die bewegen
Die Kinder zu begleiten
Auf ihren eigenen Wegen

Mut für all die Fragen
Die es gibt, wie Sand am Meer
Auch wenn die Antwort fehlt
Schweigen wiegt so schwer

Mut, Tabus zu brechen
In einer schweren Zeit
Du füllst die kleinen Ranzen
Mit Kraft und Sicherheit

Lea Sophie Keller

*Lea Sophie Keller (*2001) studiert Grundschullehramt in Koblenz. Mit 16 Jahren erblickte sie zum ersten Mal das Bühnenlicht, seitdem bereist sie deutschsprachige und italienische Poetry Slams. Mehr unter: www.lea-sophie-keller.de*

Auch Enten
wollen in den Himmel.

Die Ente an der Himmelspforte
Von Wolfgang Hellebrandt

Als eine stets rockende Ente
gar tragisch das Leben verlor,
erhob ihre Schar laut die Stimmen
und sang ganz fantastisch im Chor.

Weil sie im Stadtpark einst
Krümel schnorrte,
verschloss man ihr dreist
die Himmelspforte.

Laut schnatternd
steht sie jetzt davor:
Nak nak nak'in
on heaven's door.

Wolfgang Hellebrandt

*Wolfgang Hellebrandt (*1999) ist Aachener Wirtschaftsinge-
nieur und Schwergewichtsringer. Seit 2021 erfreut er den deut-
schen Sprachraum mit seinen erfrischend lebensnahen Poetry
Slam Texten und seinem erdigen Humor.*

Bin ich mit mir im Reinen,
wenn ich in den Spiegel blicke
oder bin ich unzufrieden?

Standpunkte
Von Annika Hofmann

Wo stehe ich?
Das fragt mein Leben mich.

Es ruft in jeder Sekunde meinen Standpunkt ab
und auf die Schnelle
muss ich mich entscheiden,
auf welche Seite ich mich stelle:
Bin ich die, die Ja oder Nein sagt?
Bin ich die, die zu lange wartet
oder bin ich die, die den ersten Schritt wagt?
Bin ich die, die sich nach rechts
oder nach links setzt, wenn sie den Raum betritt?
Bin ich die, die alles nur anfängt
oder bin ich die mit dem Folgeschritt?
Bin ich eine Nietenträgerin
oder mehr der Spitzentyp?
Bin ich ein Mauerblümchen
oder bin ich überall beliebt?
Passen mehr die High-Heels
oder die Sneakers zu meiner Person?
Mache ich das halbvolle
oder das halbleere Glas
zu meiner Lebensoption?

Bin ich die Authentische oder die Gespielte?
Bin ich die Ernste oder die Verspielte?
Bin ich eine Schnellkapiererin

oder eine, die hinterherhinkt?
Bin ich lieber aufgetakelt
oder doch ungeschminkt?
Bin ich lieber still
oder bin ich die Dramaqueen?
Bin ich die, die lange da chillt
oder die, die nur kurz erschien?

Bin ich ein Remix
oder bin ich das Original?
Bin ich leicht umgänglich
oder für manche eine Qual?
Möchte ich ein eignes Haus bauen
oder frei um die Welt fliegen?

Bin ich mit mir im Reinen,
wenn ich in den Spiegel blicke
oder bin ich unzufrieden?

Alles dreht sich um eine Entscheidung.
Hauptsache ich habe eine
– am besten dann noch die richtige –
Meinung.
Da ist oftmals kein Grau,
nur Schwarz oder Weiß.

Ich weiß aber nicht,
was besser ist,
denn Stellung zu beziehen, finde ich schwer.
Und damit bin ich nicht allein,

es gibt scheinbar so viel mehr
Menschen, die lassen's einfach sein.

Warum ist das so?
Habe ich mich gefragt:
„Es besteht eine allgemeine Unsicherheit
und Angst vor Kritik“,
das haben schon viele vor mir gesagt.
Aber ich glaube, da ist noch etwas!
Da ist eine Überzahl an Stellungen,
die zu beziehen sind, und das klingt…

…so fragt die Partei:
Wählst du mich oder die anderen?
So fragt die Liebe:
Willst du mich oder den anderen?
So fragt das Auto:
Kaufst du mich oder das andere?
So fragt der Job:
Kommst du zu mir oder gehst du zu anderen?
So fragt das Essen:
Isst du mich oder was anderes?
So fragt das Leben:
Lebst du mich oder ein anderes?

Die Frage nach dem Was,
das ist nicht nur der Alltag,
auch Gott fragt dich das.
Er schreit dich nicht an
und verlangt nicht nach mehr als du kannst.

Er fragt durch Bibel und Gebet nach, ganz sanft.
Die Stimme,
die manchmal zart an deinem Herzen anklopft,
das bist nicht du – das ist Gott.

Läufst du anderen Göttern nach oder liebst du mich?
Teilst du gern oder behältst du alles für dich?
Liebst du deinen Nächsten oder ziehst du ihn durch den
Dreck?
Stehst du zu mir oder stellst du dich weg?

Und er hat auch gefragt,
welche Stellung du beziehst,
wenn du in seinen Worten liest:
Stehst du auf dem Weg, wo der Vogel,
ehe man sie aussät, die Saat wegfrisst?
Oder gehst du auf den Felsen,
wo die Pflänzchen,
so schnell wie sie wachsen,
auch wieder verschmelzen?
Oder stehst du zwischen den Disteln,
die die Saat überwuchern,
bevor diese ihre wahre Größe suchen?
Oder gehst du schon auf fruchtbarem Boden?
Das ist zu empfehlen,
denn dort wird sich die Saat
um ein Vielfaches lohnen.

Doch egal, auf welcher Seite du stehst und welche
Entscheidung du auch treffen magst: Es gibt einen,

der sich diese Frage nicht mal fragt.
Der für dich einsteht, wenn du versagst.
Für den du nicht vollkommen werden musst,
da du durch seinen Sohn
längst vollendet worden bist
– und das ohne Bedingung, ohne Frist.
Der, für den, egal auf welche Frage,
die Antwort immer Liebe ist.

Nachwort:

Diesen Text schrieb ich zu einer Zeit, als bei mir einige kleine und große Entscheidungen anstanden. Neben all den Möglichkeiten und der Angst, mich möglicherweise falsch zu entscheiden, suchte ich nach etwas, das mir in all der Unsicherheit Halt geben kann. In Jesus fand ich ein Fundament, das neben all den Veränderungen stetig blieb. Diese Gewissheit hat mich durch jene Zeit getragen, sodass ich heute sogar ziemlich gut(e) Entscheidungen treffen kann. Das schönste Erlebnis mit diesem Text: Als ich ihn in einem Konfirmationsgottesdienst jungen Menschen zusprechen durfte. Das war für mich ein kleiner Full-Circle-Moment.

Annika Hofmann

*Annika Hofmann (*1996) ist Spoken Word Künstlerin, Schauspielerin sowie Sprecherin. Darüber hinaus gibt sie Workshops zu den Themen kreatives Schreiben und Bühnenpräsenz. Mehr unter: www.annikaspoesie.de*

So tun wir Künstler,
was getan werden muss.
Die Kanzel ist unser.
Die Priester sind wir.

Kritik der Gesellschaftskritik
Von Klaus Estermann

Der Priesternachwuchs verdingt sich bei den Medien, die Lehrerinnen stehen auf der Bühne, die Handwerker sind im Büro und die Nonnen in der Politik. Da braucht sich keiner zu wundern, wenn die Kirchen leer sind. Der gläubige Mensch der heutigen Zeit erbittet sich die Erlösung von Vater Staat, und nicht mehr von der heiligen Mutter Kirche. Vom Vater gibt es Taschengeld, von der Mutter Ratschläge. Vater Staat verspricht Himmel auf Erden, Mutter Kirche verweist auf das Jenseits. Ein Erlöser wird immer erwartet. Früher hoffte man auf den Himmel, heute auf Parlamente und Laboratorien.

Der Mensch möchte seine Unschuld zurück. Die Ideale sind formuliert und die Weisungen ausgegeben. Am Bedarf bestehe kein Zweifel, wird uns täglich eingebläut. Die Losung lautet „Kehret um und tuet Buße". Die Welt muss gesäubert werden. Lucifer heißt jetzt Kohlendioxid. Dazu braucht es einmal mehr den neuen Menschen, und zwar den ganzheitlichen, nicht den halbheiligen. Denn die meiste – wenn nicht gar die ganze Zeit seines Lebens – verbringt man unter Halbheiligen, also unter seinesgleichen. Die Schwierigkeit im Umgang mit Halbheiligen besteht darin, nie genau zu wissen, mit welcher Hälfte man es zu tun hat. Das führt uns ständig aufs Glatteis: wer nicht über solides Schuhwerk verfügt, fällt regelmäßig auf die Nase.

Wer nicht aufpasst, wird von den Unguten aufgefressen. Die Dummen und die Bösen finden sich so sicher wie die Motten das Licht. Kluge Menschen wissen, dass sie grundsätzlich bloß die Hälfte dessen glauben sollten, was man ihnen erzählt. Weise Menschen wissen sogar welche Hälfte. Doch wer ist schon klug, oder gar weise?

Das alles bedarf fundierter Kritik, denn die Gesellschaft braucht und erwartet Kritik, klare deutliche Gesellschaftskritik, von ihren Künstlern, und das machen wir Künstler gerne, denn dazu sind wir da, das ist unsere Aufgabe. So stehen wir Künstler salbungsvoll auf den verwaisten Kanzeln, und halten der Gesellschaft den Spiegel vor. Selber stehen wir hinter dem Spiegel, denn wir müssen ihn ja halten. Viel lieber stünden wir Künstler über dem Spiegel, wo wir eigentlich hingehörten; aber das lässt die Schwerkraft leider nicht zu.

So tun wir Künstler, was getan werden muss. Die Kanzel ist unser. Die Priester sind wir. Unsere Predigten sind Spiegelbilder für die Gesellschaft. Auf einem leeren Spiegel wäre das die nackte Wahrheit, und die würde uns alle erschrecken. Darum werden die Spiegel von uns Künstlern angemalt, mit Motiven aus der Vergangenheit. Das ist für die Gesellschaft bekömmlicher und lässt die Gegenwart aus dem Spiel. So können wir uns alle einbilden, wir hätten es früher besser gemacht. Denn das letzte Tabu ist immer die Wahrheit, und die liegt in der Gegenwart – damals wie heute. Erst die nötige Distanz macht die Wahrheit erträglich, erst wenn etwas lange genug vorbei ist, kann man sich davon distanzieren. Die reine Gegenwart ist zu nahe. Das ertragen wir nicht, und schauen lieber zurück.

Dabei werden wir nicht müde zu betonen, dass nie mehr geschehen dürfe, was einst geschah. Das sagt sich einfach, denn was einst geschah, ist schon geschehen und geschieht nicht nochmals. Der Teufel zieht nie zweimal das gleiche Hemd an, sonst erkennt man ihn, und das will er auf keinen Fall, denn der Teufel ist zwar schlecht, aber nicht blöd.

So vertrauen die Bösen seit Jahrtausenden erfolgreich darauf, dass die Guten nicht die Hellsten sind, und ihn stets an der falschen Türe abpassen. Diesen Fehler machen die Guten auch heute, denn das Böse ist längst wieder unter uns, es schlüpft immer aus der Mitte, aus dem Schoß, und nicht aus der Achselhöhle. Von da kommt bloß Schweiß und Gestank. Wenn nämlich in der Vergangenheit etwas geschah, das wir heute benasrümpfen, dann war das damals genauso Gegenwart wie unsere oft zitierte „heutige Zeit". Die konnten nicht wissen, wie es herauskommt, konnten kein Geschichtsbuch aufschlagen und nachsehen. Nichts beginnt, wie es endet, und manches Verbrechen, beginnt mit einem holden Versprechen.

Das ist heute genauso. Wir orakeln über die Zukunft, wissen aber genau so wenig darüber wie eh und je. In zweihundert Jahren werden die Menschen ebenfalls im Taumel der Gegenwart durchs Leben stolzieren, über die „heutige Zeit" schwadronieren und über uns genauso schlecht reden wie wir über das Mittelalter oder die ganzen Kriege. Um hinterher gegen etwas zu sein, bei dem man selbst nicht dabei war, braucht es keinen Mut. Dafür reicht ein bisschen Verblendung, und ein großes Maul.

Jetzt muss ich aber schleunigst etwas auf den Spiegel malen, und zwar etwas Schönes, sonst lest ihr nicht mehr weiter und das würde ich sehr bedauern, denn ich werde ganz gerne zu Ende gelesen. Darum ein paar hübsche Schlussworte, wir wollen ja nachher zurück in die Gemütlichkeit:

Liebe Gesellschaft, ich kann euch beruhigen. Es wird alles gut. Im Angesicht der irdischen Endlichkeit und der schieren Größe des Universums sind unsere täglichen Bemühungen nicht halb so wichtig, wie wir meinen. Das dürft ihr mir glauben.

Es ist schon viel getan, wenn wir freundlich miteinander sind und Andere einfach anders sein lassen. Und jetzt hänge ich den Spiegel wieder an die Wand, und zwar umgekehrt: Prost mitenand!

Klaus Estermann

*Klaus Estermann (*1961) ist Kleinkünstler, Texter und Organisator von Kulturanlässen. Seine musikalischen und schriftstellerischen Fähigkeiten brachte sich der diplomierte Koch und ehemalige Gastwirt autodidaktisch bei.*

closed for now
Von Schwester Sophia Gisa

der ballast, der gerade noch
von meinen schultern abfiel
hängt jetzt an meinen
wimpern

und zieht meine augenlider richtung
closed for now
fühl mich wie halbwach im halbschlaf
gefangen im umbruch
zwischen dämmerung und schwarz zu blau

frag ich dich nach deiner self-care-routine
vom siebten tag
als dann alles gut war
vielleicht ja ein bisschen spa und
binge-wachting
deiner schöpfung

ist schließlich alles dabei
große gefühle, kleinmut
und cliffhanger par exellence
bis dir wie in trance
endlich die augen zufallen
und in der ruhe die ruhe einkehrt

war es das wirklich wert?
die rastlose unruhe

brainstorming am fließband zwischen
you can und just do it
ich weiß ja nicht,
aber wenn du mich fragst
war das ein ganz schöner workaholic-move
aber es war ja alles gut am ende

und darauf hoff' ich einfach auch
dass es am ende gut ist
so oder so

dass ich nachgeben
und den ballast als versöhnte altlast
ablegen
und mit dir binge-watchen kann
irgendwann

Schwester Sophia Gisa

*Sr. Sophia Gisa (*1991) ist Franziskanerin von Siessen und
Beraterin bei einer Berliner Design- und Kommunikationsagentur. Sie ist Feministin und setzt sich für eine Kirche ein,
in der alle geliebt und angenommen sind.*

Ich weiß es einfach nicht
Von Theresa Sperling

Vorwort:

Mein Vater war überzeugter Atheist und hat uns streng atheistisch erzogen. Kirchen wurden aufgrund der von ihren Anhänger*innen vollbrachten Gräueltaten verpönt, Gottesgläubige als naiv dargestellt. Es galt, das Leben ohne eine Hoffnung auf ein paradiesisches Jenseits und einen helfenden, schützenden Gott zu bestreiten.

Im Rahmen einer vollumfänglichen humanistischen Bildung sollte ich jedoch die gesamten dreizehn Schuljahre am Religionsunterricht teilnehmen. An meiner Berliner Grundschule wurde für die wenigen Getauften in der Stufe evangelische Religionslehre angeboten. Nach unserem Umzug nach Passau stand ich in der Klassentür meiner fünften Klasse vor der ersten Religionsstunde und überlegte, ob ich nicht einfach bei meiner neuen Freundin im katholischen Unterricht bleiben sollte, doch der evangelische Religionslehrer zog mich am Ärmel aus dem Klassenraum in seinen Unterricht. Es folgte ein neun Jahre langer Diskurs zwischen meinem Vater und meinem Religionslehrer, der uns immer wieder mit ziemlich steilen religiösen Thesen konfrontierte, die ich nachmittags zu Hause „ausrichtete". In der nächsten Stunde teilte ich meinem Lehrer dann die wütende Antwort meines Vaters mit. Seitdem bin ich auf der Suche.

Ich habe nicht gelernt zu beten
und ich wüsste nicht, zu wem.
Ich hab gelernt, mir selbst zu helfen,
dass andre Menschen zu mir stehen,
Verluste zu bekämpfen
und Niederlagen hinzunehmen.
Ich bin in keine Religion geboren
und in keiner Religion erzogen,
fühl mich in keiner Religion geborgen
und zu keiner wirklich hingezogen.

Ich weiß, nicht jeder, der sich religiös nennt,
handelt deshalb rechtens.
Ich weiß auch, dass mein Handeln
nicht per se als Nicht-Christ schlecht ist,
denn auch wenn ich niemals bete,
gebe ich als Mensch mein Bestes.
Ich versuche allen Menschen
respektvoll zu begegnen,
jeden Mensch, der mir begegnet,
erstmal positiv zu sehen.
Ich befolge, wenn mir möglich,
die Gebote vier bis zehn,
auch wenn es mir bei acht und zehn
doch manchmal ziemlich schwerfällt,
denn Menschen könn' echt fies sein
und manche haben mehr Geld.

Ach, gäbe es irgendeine Kraft,
die mich tröstet, liebt und leitet,

eine Kraft, die nicht aus mir kommt,
sondern größer ist als meine.
Ich bewundre jeden, der sie glaubt zu haben,
ich bin fast ein bisschen neidisch,
denn ich würd auch gern daran glauben,
dass eine Größe existiert,
die größer ist als unser Leid
und jeden aus dem Dunklen führt,
die immer darauf aufpasst,
dass meinen Kindern nichts passiert,
die einsieht, wer ich wirklich bin,
und immer mein Bemühen spürt.

Ich möchte gerne glauben,
dass nach dem Tod kein Ende ist,
dass du Mensch, den ich so liebe,
danach in guten Händen bist.
Ich bin kein Atheist,
ich weiß es halt nur nicht.
Ich würde wirklich gerne glauben,
ich glaube aber nicht.
Es fällt mir schwer zu glauben,
weil hier zu viel Leid passiert,
weil die Menschheit seit Jahrhunderten
für Religionen Kriege führt.
Meine Bewunderung gilt jedem,
der trotzdem diese Liebe spürt,
der aufrichtig zum Allgemeinwohl
seinen Glauben praktiziert.

Ich bewundre alle Menschen,
die teilend für die Ärmsten ringen,
die mit ihrem festen Glauben
zu den Verzweifelten durchdringen,
die den Zeilen ihrer Schriften folgend
Frieden unter Menschen bringen,
die immer ruhig Probleme lösen,
denn meine Wut ist oft zu groß,
die selbstlos Nächstenliebe leben,
und Handeln auch in größter Not.
Ich muss nur in den Spiegel sehn könn'n,
mich richtet niemand nach dem Tod.

Darum wünsche ich den Menschen,
die ihren Glauben friedlich leben,
die auch jene respektieren,
die die Welt mit andren Augen sehen,
ein erfülltes religiöses Leben,
Gespräch, Gebet und Fest
und dass ihr Menschen,
die nicht beten können,
beim Beten nicht vergesst.

Theresa Sperling

*Theresa Sperling (*1971) war früher Tänzerin, heute unterrichtet sie die Fächer Deutsch, Englisch und Darstellendes Spiel. Nebenberuflich arbeitet sie als Schriftstellerin und Poetry Slammerin. 2024 erschien ihre Textsammlung „SEZIERUNG" bei Dichterwettstreit deluxe.*

Liebe
Von Mila Bubliy

socken in flipflops
ich trage dir die taschen
wenn du nicht mehr kannst

bleib am telefon
bis ich meine einfahrt seh'
der schlüssel kurz klickt

wir zwischen birken
die größte unter ihnen
stellt manchmal ein bein

die welt überwinden
nicht die aller anderen
sondern nur deine

die tage sind groß
wenn außer dir neben mir
nichts passieren muss

Mila Bubliy

Mila Bubliy ist international ausgestellte Künstlerin. Ihre Mixed Media-Werke beschäftigen sich mit Gesellschaft und Umwelt. Ihre literarische Arbeit greift diese Multiperspektivität auf – unter anderem in Form von Kurzgedichten.

Und ich weiß
nur noch,
wie leer
es sich angefühlt hat.

Klara
Von Tobias Hofmann

Krankenhäuser machen mich hilflos. Ich vertraue den Schwestern, ich glaube den Ärzten und hoffe … Und ich weiß: ich liebe meine Frau. Ja, das weiß ich genau. Und wegen ihr bin ich hier:

Sie schreit. Sie stöhnt. Sie quält sich und irgendwie auch mich. Und sie schreit lauter. Und sie leidet. Krankenhäuser machen mich hilflos. Und wenn Zeit sich fühlen ließe, hätten diese Minuten den Geschmack von Ewigkeit. Die Augenblicke des Leidens wirkten wie schneckenhaftes Rennen hin zum Salatblatt hinter dem Horizont. Und irgendwann jenseits des Schmerzes, jenseits der Ewigkeit, ist der Moment gekommen: Dann ist das vierzig Wochen lang ersehnte, kleine Geschenk „Leben" endlich da.

Undefinierbare Zeiteinheiten später bin ich mit ihr im Krankenhaus unterwegs und bin der glücklichste Mensch. Und ich bin so dankbar, dass ich vor Freude alles machen würde. Ich würde sogar Milch trinken, obwohl die mir nicht gut bekommt. Ich würde mein Glück rausschreien und immer weiterschenken, so dass alle mitfühlen können. Ich würde mein ganzes Ich mit Luftballons in den siebten Himmel schweben lassen, obwohl ich das Geräusch von Händen auf Luftballons eigentlich nicht hören kann, weil ich davon immer Gänsehaut bekomme.

Ich würde einen Marathon laufen oder auch einfach nur beim Nachbarn klingeln und ihm erzählen, wie schön die Welt sein kann.

Dann gehe ich den Gang entlang. Den Gang auf der anderen Seite der Station. Und ich bleibe kurz vor der Tür stehen. Jener Tür. Dort, wo dahinter vor eineinhalb Jahren alle Hoffnungen begraben wurden. Meine Hoffnungen. Unsere Hoffnungen. Die Hoffnungen auf unser Baby. Sie sei nicht lebensfähig; haben sie gesagt. Das kommt häufig vor; haben sie gesagt. Die Natur weiß schon, was sie macht; haben sie gesagt. Vielleicht ist es besser so; haben sie gesagt.

Und ich weiß nur noch, wie leer es sich angefühlt hat. Wir hatten uns gefreut, wir hatten Pläne gemacht. Und dann sind sie zerplatzt. Das ist nicht ihre Schuld; haben sie zu meiner Frau gesagt. Niemand hat Schuld; haben sie gesagt. Das ist halt so; haben sie gesagt. Ich denke mir: Wo ist da Gott?

Und jetzt stehe ich wieder vor der Tür, die zu diesem Zimmer führt. Dem Zimmer auf dem Gang auf der anderen Seite im Krankenhaus. Dem Zimmer, wo all meine Hoffnungen begraben lagen. Wo meine Zweifel erwachsen wurden und meine Hilflosigkeit sich wahlweise in Wut, Angst, Trauer, Sehnsucht oder Hoffnungslosigkeit verkleidet hat.

Krankenhäuser machen mich hilflos.

Heute stehe ich wieder hier. Und ich blicke an mir hinab. Und ich sehe das kleine Wesen in meinen Armen. Sie kann noch nicht sprechen und sagt mir trotzdem so viel. Sie wirkt so zart und zerbrechlich und doch hat sie alle Macht über mich. Sie ist noch keinen Tag auf der Welt und lehrt mich mehr über Liebe, als ich jemals zuvor auch nur erahnen konnte. Sie demaskiert meine Hilflosigkeit durch ihre kleinen Hände, die tastend nach Sicherheit in meinen Fingern Halt und Geborgenheit finden.

Und sie öffnet die Augen. Auch, wenn sie noch nicht mehr als ein wenig hell und ein wenig dunkel unterscheiden kann, ist ihr Blick doch so berührend, dass für einen Augenblick die Welt stillsteht. Ein Wunder verkleidet als Baby. Ein Gottesbeweis, kein allgemeiner, nur meiner, der mich für einen Moment alle Zweifel vergessen lässt. Der mich sprachlos, ohnmächtig und hilflos macht. Und in ihren Augen spiegelt sich meine Ermutigung, mich an den Gedanken zu klammern, dass es Hoffnung jenseits aller Zweifel gibt, für die es sich lohnt, zu glauben.

Für die es sich lohnt, zu leben.

Für die es sich lohnt, zu lieben.

Tobias Hofmann

*Tobias Hofmann (*1985) arbeitet als Dekanatsreferent im Dekanat Schwarzwald-Baar. Die verschiedenen Stationen seines Lebens werden relevant durch Menschen und Beziehungen, durch das Lachen und die Tränen.*

Pass auf dich auf,
es ist wirklich
gefährlich geworden.
Ab heute schließe ich
dich ein in meine Gebete
für ein besseres Morgen.

Genau so stelle ich mir den Zufall vor
Von Matti Linke

Vorwort:

Ich würde mich selbst als introvertierten Menschen bezeichnen, allerdings nicht aus Schüchternheit heraus. Oft komme ich mit anderen Menschen zufällig ins Gespräch und höre gerne zu, was sie zu sagen haben. Dabei versuche ich, immer davon auszugehen, dass jeder Mensch etwas weiß, was ich noch nicht weiß. Und da wir alle unsere individuelle Perspektive auf die Welt haben, habe ich das Gefühl, dass dieser Ausgangspunkt faktisch wahr ist.

In Widersprüchlichkeit verfängt sich auch der Titel meines Textes: Der Zufall geschieht und überrascht dich. Man kann zwar damit rechnen, dass neue Absätze der eigenen Geschichte unverhofft beginnen, Verse derselben von unerwarteten Begegnungen beeinflusst werden, aber absolut planbar ist das Schicksal nicht. Also versuche ich mir ein offenes Ohr zu bewahren und mit Mut im Herzen neue Seiten aufzuschlagen.

Der Tag war grau und ich befand mich auf dem Weg zum Bahnhof. Der Zug, den ich vorhatte zu nehmen, sollte mich wieder in die Heimat bringen. Die Stadt, in deren Straßen ich herumlief, war mir kaum bekannt. Es fing an zu regnen und ich stellte mich neben einen Parkautomaten, der überdacht war, um für den Moment trocken zu bleiben. Ich fragte einen Mann, der kaum zwei Meter von mir entfernt stand, nach dem Weg. Der Regen schien ihm gar nichts auszumachen. Wir kamen ins Gespräch und der Mann stellt sich als „Michi" vor.

Er sagte:

Weißt du, vor sieben Monaten habe ich meine Wohnung verloren und seitdem lebe ich ohne Dach. Mittlerweile schlaf ich gut im Freien, doch zu Beginn hielt mich die Angst hellwach. Ja, meine Firma musste dicht machen, Corona legte alles lahm. Schon komisch, dass die Türen zu waren als wir morgens früh zur Arbeit kamen. Zur etwa gleichen Zeit ist meine Frau abgehauen, um mit ihrem neuen Macker durchzubrennen. Zur Hochzeit hat sie mir die Treue geschworen, doch jetzt sagt sie, mich nicht zu kennen.

Weißt du, irgendwie scheint gerade alles schief zu laufen, fast so, als würde eine fremde Macht mich hassen. Als ich so alt war wie du, war Welt noch bunt, doch nun scheint alles zu verblassen. Schon als Kind lief ich durch diese Stadt, ich kenne jede kleinste Straße. Ich küsste einst ein Mädchen auf der Bank, auf der ich heute schlafe. Letzte Woche wurde ich dort bestohlen, Papiere, Ausweis, alles weg. Schon komisch, dass mein Hochzeitsbild nun in der Tasche eines Fremden steckt. Und jetzt, jetzt gehe ich jeden Tag von Amt zu Amt. Ich lass mich doch nicht unterkriegen. Will ich doch in eine neue Wohnung ziehen, mich in eine schöne Frau verlieben. Und bis es so weit ist, denke ich einfach an den Sommer bis mir warm ist, ja bis mich niemand mehr belästigt. Denn kaum wer hat mit dir Mitleid, wenn du arm bist. Sind doch die meisten mit ihrem Hass auf die Reichen beschäftigt.

Also rechne ich mit keiner Hilfe. Ich habe doch immer schon alles alleine geschafft. Gott segne dich für dein offenes Ohr, für einen alten Mann ohne Glück, ohne Dach. Hast du doch kaum etwas gesagt und mir dennoch das Gefühl gegeben wertvoll zu sein. Wenn du möchtest, wirf doch einen oder vielleicht zwei Euro hier in meinen Becher rein.

Ich gab ihm etwas Geld und wollte gerade gehen. Da sagte Michi noch zum Abschied: „Pass auf dich auf, es ist wirklich gefährlich geworden. Ab heute schließe ich dich ein in meine Gebete für ein besseres Morgen."

Noch etwas irritiert von der Wortwahl seines letzten Satzes wollte ich gerade zu dem Gleis gehen, von dem mein Zug abfahren würde, als ich sah, dass mit etwa 20 Minuten Verspätung gerechnet werden müsse. Ich setzte mich auf eine der kalten Metallbänke am Bahnhof, um die Zeit abzuwarten. Neben mir saß ein junger Mann, kaum älter als 22 Jahre, den ich fragte, ob auch er dort saß, um zu warten. Es entstand ein Gespräch, wir lernten uns kennen.

Er sagte:

Mein Name ist Austin, doch diesen Namen trug ich nicht als Kind. Die meisten Menschen aus meinem Land wählen einen westlichen Namen, wenn sie längere Zeit im Westen sind. Ich komme aus Taiwan, ein demokratisches und schönes Land. Ich liebe die Steilküsten im Osten, an der Spitze der Wald und ganz unten der Strand. Ich liebe meine Heimatstadt Taipeh, aus meinem Kinderzimmer schaue ich auf dicht begrünte Berge. Ich möchte, dass eine rote Zypresse gepflanzt wird, wenn ich später dort begraben werde.

Meine Eltern sind Atheisten, dass ich nur Männer liebe, ist für sie nicht schlimm. Meine ganze Familie weiß Bescheid und sie alle lieben mich so wie ich bin. Vor zwei Wochen kam dann ein Brief zu mir: Taiwan zieht mich zum Militär.

Einfach hier zu bleiben, ist nicht möglich, weil mich zu weigern eine Straftat wär'. Die Spannungen mit China spitzen sich zu, ob es Krieg gibt, muss man dann noch sehen.

Unter Tränen sagte Mama mir: „Ein Kurzhaarschnitt wird dir gut stehen. Diese Kommunisten, den Blick, dass Krieg kein Leiden mindert, kann doch jedem jeder Blinder borgen. Auf dem Festland macht man meines Wissens sich doch auch um seine Kinder Sorgen!"

„Mama", sagte ich, „ich pass schon auf mich auf. Kein Grund das Schicksal zu verfluchen. Nach

einem Jahr komm ich doch wieder Heim, und wenn
ich frei hab', komm ich dich besuchen."

„Aber denk' immer an deinen Ur-Großvater",
sagte Mama zum Schluss ganz klein, „damals im
Bürgerkrieg ist er gestorben. Das letzte, was er mir
sagte war: ‚Ich schließe dich ein, in meine Gebete
für ein besseres Morgen.'"

Der Zug fuhr gerade ein, als ich mich von Austin verabschiedete, noch meine Hand schüttelnd
sagte er zu mir: „Weißt du, wenn deine Familie dich
liebt, ist das dein allergrößter Reichtum. So werde
ich meinem Ur-Großvater die Ehre erweisen, und es
für dich in Sachen Gebeten ihm gleichtun."

Im Zug sitzend sah ich aus dem Fenster und be-
obachtete, wie die Welt an mir vorbeiflog. Ich musste an die Dinge denken, die Michi und Austin zu
mir gesagt haben. Die Momente der Begegnungen
wirkten bereits länger in mir nach, als sie an sich
gedauert haben, und mir kamen die folgenden Gedanken:

Früher dachte ich immer:
Teile wie St. Martin deinen Mantel,
selbst wenn du halb-bemäntelt frierst.
Ich dachte, die Größe deiner Tat
misst sich allein an dem, was du verlierst.

Und dennoch kann man so viel von sich geben,
was dir danach nicht einmal fehlt.
Wird doch ein offenes Ohr gesegnet,
mit dem, was Menschen so reden
und dir ein Fremder erzählt.
Und natürlich kannst du nicht allen Menschen
gleichermaßen zuhören, dann wäre es dann wohl
mit deiner Zeit gewesen.

In eine Bibliothek gehst du ja nicht,
um auch tatsächlich jedes Buch zu lesen.
Setzen doch Wörter von allein
die ganze Welt noch nicht in Gang.
Während nur eine Erzählung ausreichend
und für dich die Welt bedeuten kann.

„Also nur Mut", hörst du es flüstern,
„und schlag die ersten Seiten auf."
Wer weiß, vielleicht erzählt dort ein Mann davon,
dass er seit Kurzem auf der Straße schläft
und seine Frau ich nicht mehr liebt.
Oder was ein Junge aus Taiwan erlebt
und dass sein Land ihn in den Kriegsdienst zieht.

Vielleicht vergisst du auch wieder, was erzählt wird.
Oder es prägt sich dir für immer ein.
Dann wird es Teil von dir
und somit deiner eigenen Erzählung sein.
Und dann stehst du vielleicht
irgendwann am Straßenrand

und es kommt ein Mensch daher
und spricht dich an.
Ihr kommt ins Gespräch
und redet über dies und das.
Du erzählst, wie du heißt,
wer du bist, was du machst.
Zum Abschied gebt ihr euch die Hand
und schaut euch kurz ins Gesicht.
Vielleicht seht ihr euch morgen schon wieder
oder vielleicht tut ihr's nicht.

Der Mensch geht, doch du rufst ihm noch hinterher: „Hey, ich weiß es klingt komisch, weil wir uns ja gerade schon verabschiedet haben, aber ich hab' das Gefühl als müsst' ich abschließend doch noch was sagen."

„Hab' Dank", sagst du, „unser Gespräch gerade konnte ich wirklich genießen. Pass auf dich auf, und ich werde dich in meine Gebete für ein besseres Morgen einschließen."

Matti Linke

*Matti Linke (*1994) ist mit seinen gesellschaftskritischen Texten als feinsinniger, sprachlich versierter und performativ starker Poetry Slammer bekannt. Darüber hinaus gibt er Workshops an Schulen und Kulturstätten.*

Hab keine Angst, wisse,
nichts ist vergebens.

Engel des Lebens
Von Harald Gritzner

Ein Engel
steht vor meinem Haus
Er breitet seine Flügel aus
Es scheint mir gar, er winkt mir zu
Es scheint, er ruft mich zur ewigen Ruh

Ein Engel
kommt zur Tür herein
Er strahlt so hell, ein heller Schein
Es scheint mir gar, zu mir er spricht
Es scheint, er ruft mich zum ewigen Licht

Ein Engel
nimmt mich in den Arm
Er hebt die Hände, mir wird warm
Es scheint mir gar, er fliegt hinfort
Es scheint mir, an einen besseren Ort

Ein Engel
drängt sich in meine Seele
Er fordert von mir, dass ich ihn erwähle
Er scheint mir gar, der Todesengel zu sein
Es scheint, ich bin ängstlich, beklommen, allein

Da spricht der Engel in lieblichem Ton
Fürchte dich nicht,
meine Tochter, mein Sohn

Hab keine Angst, wisse,
nichts ist vergebens
Sei mutig und stark,
ich bin der Engel des Lebens

Der Engel des Lebens
hat mich umhüllt
Mein Leben, mein Sein,
mein Herz angefüllt

Es scheint mir gar,
ganz ohne zu scherzen
Es scheinen in mir,
in meinem Herzen

Glaube
und Liebe
und Hoffnung

Harald Gritzner

*Harald Gritzner (*1969) ist beruflich mit Zahlen und Gesetzen, in seiner Freizeit jedoch vor allem mit Kunst und Kreativität befasst. Er ist Verleger, Autor, Moderator und Poetry Slammer. Mehr unter: www.klemmbachverlag.de*

Zeitrechnung
Von Clemens Kascholke

Vorwort:
Dieser Text wurde für eine Vorstellung in der Jesuitenkirche St. Michael (München) als eine „Antwort" auf Psalm 139:1-18 geschrieben. Anschließend folgte eine „antwortende" Orgelimprovisation.

mit Müh und Not strecke ich
meine Wurzeln aus um noch
den Lebensfaden fortzuspinnen
obwohl ich längst gefallen bin

alles Morsche in mir hat nachgegeben
dem Rütteln, Reißen und Stoßen
die alle was von mir wollten
und doch mich nur aus dem Weg

was soll ich wagen hier für mich
die Kräfte sparen? sie verbrennen lichterloh?
oder eingraben mich in mir?
so könnte alles und auch nichts!

im Konjunktiv auf Halde abgelegt
ist dieses Leben witzlos überraschungsvoll
und bleibt schlicht ein Labor
für Versuchungen und Taten

doch was soll dieser Menschenversuch
im Überwachungsapparat jenem dreifaltigen
von Anfang an eingerichtet ungeahnt
doch schaut dies Aug´ die Bänder nicht

langweilt er sich doch nur
im Futur II ist ihm schon klar
längst jeder Schritt und Tritt
wie es im Anfang war und einmal sein wird

sei relevant – schreit es von jeder Ecke
mir entgegen – sonst gehst du unter
im wilden Geschrei dieser Show
die Sterbebildchen nur verteilt

doch für wen denn eigentlich?
für mich? für dich?
warum stell ich mich hier hin
und glaub‘ an eine Freiheit, die ich hätt‘

wenn meiner Hoffnung schon
das Wird-Gewesen-Sein eingebrannt
warum lass ich sie nicht
aufgehen in Flammen lichterloh

doch Gottes Blick
der abgeschlossenen Zukunft
schenkt Heilung im ungeheilten Bruch
und heiligt so das Morsche

was mir heut zerbrochen
bricht durch alle Kraft
mit der ich will aufhalten
was hinter mir verloren liegt

so ist die Freiheit jener Möglichkeiten
mein Gefängnis dieses Lebens
das mich sperrt ein voll Neid
schamvoll ausgesetzt dem Blicke dein

doch bindet deine Zeitrechnung
meinen Anfang und mein End´ zusammen
damit verschlossen nicht wird
mein Leben im Parcours der Sackgassen

Clemens Kascholke

*Clemens Kascholke (*1988) versucht mit Wörtern seinen Gedanken und Gefühlen Freigang zu erlauben. Als Lehrer und Theaterpädagoge gibt er seine Erfahrungen weiter, als Prediger, Jesuit und Priester seine Hoffnung.*

Nun denn — mal wieder ein
schwäbischer Trollinger —
halbtrocken leider.

Nimm und trink
Von Til Bauer

Vorwort:

Ich feiere gerne Abendmahl. Nicht immer schmeckt mir der Wein. Wer sucht eigentlich den Wein aus? Diese Frage hat mir keine Ruhe gelassen. Und plötzlich hatte ich eine Idee:

10:37 Uhr, Sonntagmorgen: „Nimm und trink!"

Da stehe ich nun und frage mich: Ist es ein Trollinger oder ein Bordeaux? Wer sucht eigentlich den Wein aus? Der Pfarrer oder der Mesner? Ich will mich ja nicht beklagen – immerhin bekommen wir als Evangelische schließlich Wein, ganz im Gegensatz zu den Katholiken.

Da stehe ich nun im Kreis mit meinem Einzel-Kelch: Wäre es nicht höflicher zu warten, bis alle etwas haben, um dann gemeinsam zu trinken? Meine Nachbarin hat ihren Becher schon wie einen Schnaps leergetrunken. Warum ist die Stimmung immer so andächtig? Ja, der letzte Abend Jesu – weiß ich auch …

„Nimm und trink vom Kelch des Lebens!"

Ich blicke in ein braunes Augenpaar und sehe, wie Jesus mir den Wein reicht: Wer von sich selbst sagt: „Ich bin der Weinstock" (Johannes 15, 5), der kann das Leben genießen! Wer auf einer Hochzeit Wasser zu Wein wandelt, der will ein rauschendes Fest feiern; der will die Fülle des Lebens auskosten! Morgen – da bin ich wieder „heilig-nüchtern" – aber heute, hier und jetzt, da bin ich „heilig-trunken".

Ich führe den Kelch an den Mund und nippe am Rand des Bechers den Wein. Nun denn – mal wieder ein schwäbischer Trollinger – halbtrocken leider. Wie nur kann man das Jesus zumuten?! Er hat bei der Hochzeit zu Kana, beim Weinwunder, das Wasser in einen besseren Wein verwandelt als den, den man zuvor trank. Würde Jesus heute leben, würde er wieder Wein wählen? Würde er vielleicht – ich wag' es kaum zu denken …

Da höre ich ein Galoppieren. Da ist er: Napoleon prescht auf seinem Schimmel heran. „Gestatten: Napoleon! Schon mal über Champagner nachgedacht? Beim Siegen verdiene ich ihn, bei Niederlagen brauche ich ihn. Niederlage und Sieg – das ist wie Wasser und Wein, wie Waterloo und Austerlitz, wie Kreuz und Auferstehung, wie Champagner eben!", sprachs und hinterlässt eine Staubwolke.

Und in mir reift die Gewissheit: Wenn Jesus am Ende der Tage wiederkommt, dann wird es keinen schwäbischen halbtrockenen Trollinger mehr geben, dann wird es … Ist nicht auch ein Veuve Clicquot mit seiner feinen Perlage – ja, ist nicht auch er ein Gewächs des Weinstocks?

Wie sprach Jesus damals: „Ich werde von nun an nicht mehr von diesem Gewächs des Weinstocks trinken bis an den Tag, an dem ich von neuem davon trinken werde." (Matthäus 26, 29)

Und dann dereinst im Reiche Gottes, wenn ich auferstanden sein werde, mit meinem neuen durchlichteten Leib, gereinigt von der Erdenschwere, wenn ich dann den ersten Schluck Veuve Clicquot koste, dann weiß ich, dass ich recht gehabt habe.

Noch nie wird dann ein Champagner so köstlich geschmeckt haben: Er kapert kapital kapriziös den Musen-Mund. Nukleare Nuancen vibrieren wibbelig auf der züngelnden Zunge, körperreich komplex explodiert die volle Fülle. Eine neue, zunächst fabelhaft fabulös fabulierende, dann strahlend strotzend stroboskopische, schließlich gewaltig überwältigende Wollust bebt in mir. Das ist mehr als ein Rausch. Das ist schon der Himmel auf Erden. Das ist „heilig-trunken"!

Til Bauer

*Til Bauer (*1964) lebt in Stuttgart, wo er den jährlichen Preacher Slam veranstaltet und moderiert. Als Pfarrer liebt er es, unter Menschen zu sein. Als Mensch sitzt er gerne im Café, lässt die Atmosphäre auf sich wirken und textet.*

„Ich hab' da noch so eine Idee",
sagt Gott,
„mal sehen, ob sie das liken..."

Luther, Payback & Facebook
Von Margarete Preis

Vorwort:
2017 war ein Superjahr -
500 Jahre Reformation, wow!
Aber irgendwie ist doch
vieles beim Alten geblieben…
oder vielleicht doch nicht?

Es ist wieder mal „tea time" im Himmel.
Gott räkelt sich auf dem Sofa,
und seine bessere Hälfte, Frau Sophia, die Weisheit,
serviert ihm auf dem tablet
eine frische Tasse Tee-ologie.

Er stellt die Tasse auf einer Cloud ab und geht online.
„Kommunikation ist viel leichter heute", sagt er,
„viel besser als diese Steintafeln früher!"
Aber was er dann liest, versetzt ihn doch in Aufregung:

Jetzt ist es raus:
Luther hat Twitter gehackt!
Denn am Anfang war das Wort
und das Wort war bei Gott
und es war – bei Gott – geistreicher
als so mancher Tweet!

Diese Wort-Quickies – das war nichts für Luther!
Monatelang hat er die Bibel übersetzt,
Wörterbücher gewälzt –
heißt es jetzt „Babel" oder „babbel"???
und um jeden Satz gerungen.
Neue Worte entstanden:
Machtwort, Denkzettel, Wissensdurst – wow!
Und dann: „Pling" –
„Sie haben eine neue ‚Gute Nachricht'!"

Mit der Lutherbibel konnten die Priester
nun auf Deutsch von der Gnade Gottes predigen,
das war eindeutig besser,
als immer nur „Hölle, Hölle..." zu singen!

„Dieser Luther", unterbricht Gott seine Lektüre,
„das war ein ganz Großer!"
Sophia denkt an das kleine Playmobilmännchen,
das sie vor kurzem in der Hand hatte -
tja, die Größe eines Mannes
lässt sich nun mal nicht in Zentimetern ausdrücken...
„Noch ein wenig Tee-ologie?" fragt sie.

Sie weiß, warum die Kirche gegen Luther war:
Bildung ist gefährlich!
Wissen ist Macht!

Doch wer nicht mit der Zeit geht,
geht mit der Zeit!
Also: „Ecclesia semper reformanda"!

Kirche muss sich stets reformieren,
sonst ist sie eine Mogelpackung
und kann niemandem
das Heil versprechen,
denn das Heil hat ein Verfallsdatum,
wenn es an die Macht gebunden ist
und nicht an die Liebe!

Ihr rülpset nicht, ihr furzet nicht?
Ja habt ihr nicht gechattet?
Ihr wisst doch,
dass man dem Volk
aufs Maul schauen muss.
Aber aus dem Maul
kann auch nur rauskommen,
was in der Birne drin ist.

Und was in die Birne reinkam,
entschied im Mittelalter die Kirche:

Klar war die Erde eine Scheibe,
Maria eine Jungfrau,
Homosexualität war ein Gräuel,
Selbstmord eine Sünde,
Scheinheiligkeit war gang und gäbe
und die Kinder der Päpste
fragten sich verzweifelt,
wo sie wohl her kamen?

Mit zwölf Jahren konnte man Bischof werden!
Das Latein der Priester war schlechter
als mein Kisuaheli,
aber die Angst vor dem Fegefeuer,
die funktionierte umso besser!
Eine Super-Marketing-Idee,
mit dieser Angst Geld zu machen,
um marode Kirchengebäude zu finanzieren.
Interessanter Ansatz,
empfehlen Sie es Ihrem Presbyterium...
Da steht dann an den Kirchenbänken nicht
„gestiftet von ...“ sondern:
„Sie sitzen auf ihrem schlechten Gewissen!“

Oder wie wäre es mit Treuepunkten für alle,
die regelmäßig spenden?
Nix sola gratia – Pay back System!
Du kriegst alles zurück, gnadenlos!
Luther würde sich im Grabe umdrehen!

Daher auch Luthers vier Soli der Reformation:
Allein Christus, allein die Schrift,
die Gnade, der Glaube!
Eigentlich käme als fünftes noch
der Solidaritätzuschlag Ost dazu
– Luther war ja Ossi – aber egal.

Also die vier Soli: Mal ganz im Ernst:
Haut Sie das um?
Finden Sie nicht auch, dass da was fehlt?

So was wie: Allein die Gewohnheit –
das haben wir schon immer so gemacht!?
Allein die Alten –
die bleiben uns sonst weg!
Oder, auch sehr beliebt:
Allein der Küster –
der hat den Schlüssel!?

Lieber Martin Luther!
Das Priestertum aller Gläubigen
ist eine große Herausforderung!
Ich weiß, dass nach deinem Thesenanschlag
viel passiert ist, was du nicht gewollt hast.

Aber ich stehe hier
und kann mitreden und frei entscheiden,
ich darf als Frau auf die Kanzel
– nicht nur zum Putzen –
und ich darf heiraten, wen ich liebe!
Danke, danke, danke!

Und NEIN,
ich habe nichts gegen Katholiken!
Aber sorry,
ich habe auch keinen Bock mehr darauf,
dass die Leute
aus der evangelischen Kirche austreten,
wenn in der katholischen Kirche
wieder irgendwas dumm gelaufen ist!

Wie hast du gesagt?
„Aus einem verklemmten Arsch
kommt kein fröhlicher Furz!"

Soll heißen: Entklemmt euch!
Macht Schluss mit dem Konfessionsgedöns!
Meldet den Papst bei Parship an
und hört auf, über Sachen zu streiten,
die wir sowieso längst anders machen!

Gott starrt gebannt auf sein Tablet.
„Bildung", sagt Gott, „Bildung, das ist es!"
„ICH weiß", sagt Sophia,
„nur wer nichts weiß, muss alles glauben!
Weisheit besteht allerdings darin,
zu unterscheiden, was stimmt und was nicht.
Wie bei facebook..."

Das facebook des Mittelalters
hieß übrigens Lukas Cranach.
Mit „paint & copy" hat er
Luthers Schriften vervielfältigt
und viele Lutherportraits gemalt:
facebook eben!

„Cool", sagt Gott,
„ich brauche auch mal wieder
ein neues Profil und mehr Follower!"
Er beschließt, Luther eine WhatsApp zu schicken.

Und mit seinem für die kleinen Tasten
viel zu dicken Finger,
mit dem er einst Adam ins Leben beamte, tippt er:

Teufel – Scheißhaufen
Bibelübersetzung – Daumen rauf
Priestertum aller Gläubigen – Superidee
„Ich hab' da noch so eine Idee", sagt Gott,
„mal sehen, ob sie das liken..."
Und er tippt:

Brot & Wein gemeinsam – dickes Ausrufezeichen!
(und mit Blick auf Sophia):
Zölibat – Daumen runter

Lasst endlich die Mädels ran – Jesus sagt,
sonst gibt's nie wieder Weihnachtsgeschenke!
Und der muss es ja wissen!

ENDE

Margarete Preis
Margarete Preis (*1957) ist Religionspädagogin, Prädikantin in Urdenbach und engagiert sich ehrenamtlich. Sie liebt die tiefe Poesie der Bibel, aber auch, Texte gegen den Strich zu bürsten.

Ein Stück Himmel
ist auch in dir.

Himmel und Erde vereint
Von Hubert Baumann

Für mich ist Glauben wie das Licht,
das sich am Abendhimmel bricht.
Wie ein Sonnenuntergang
am malerischen Strand entlang.
Gefärbt die Welt, ein weiter Blick
endlos erscheint, ein Stück vom Glück.

Farbig bedeckt, doch transparent,
nichts versteckt, man erkennt,
das Meer in Rot getaucht,
rot wie der Himmel auch.
Am Horizont verschmelzen sie,
Himmel und Erde, eine Symphonie.

Glaube ist wie solch ein Licht,
das sich bei dir im Herzen bricht.
Und in diesem Augenblick,
ist das nicht total verrückt,
es für dich so scheint,
als ob Himmel und Erde in dir vereint.

Hubert Baumann

*Hubert Baumann (*1964) arbeitet als Marketingexperte und engagiert sich seit vielen Jahren in der katholischen Kirche seiner Heimat VS-Schwenningen. Er ist der Überzeugung, dass Glaube in jeder Lebenslage ein sicherer Anker ist.*

In Memoriam
Von Ingeborg Wenzler

Meine Tränen fließen,
weil allein ich blieb zurück
und konnt' dich nicht begleiten –
nicht einen Schritt.

Doch wenn ich dich so liebe
wie ich es oft gesagt,
muss ich das Glück dir gönnen
bei Tag und auch bei Nacht.
Denn du bist nun im Himmel
ohn' Kummer, ohne Schmerz,
und trägst mein Bild doch weiter
in deinem liebend Herz.

Ich weiß, wir seh'n uns wieder.
Das glaube ich ganz fest,
weil Gott all seine Kinder
ja ewig leben lässt.

Wir wandern hier auf Erden
nur eine Spanne Zeit
und treffen uns einst fröhlich
in der Ewigkeit.

Gott ist die Liebe
Von Ingeborg Wenzler

Gott ist die Liebe.
Das ist gewiss.
Gott ist die Liebe,
vergiss das nicht.

Lässt du ihn ein
in dein Herz,
vertreibt er
Kummer und Schmerz.

Sagst du, du spürst ihn nicht,
fühlst dich verloren – ein kleiner Wicht.
Oh, sei doch nicht dumm.
Schau dich doch nur off'nen Sinnes um.

Siehst du ihn nicht in der Sonne Licht,
das durch das Grau des Morgens bricht?
Siehst du ihn nicht im Sternengefunkel,
wenn es erhellt nächtliches Dunkel?

Du kannst ihn seh'n in den Blumen am Hang
und hören in der Vögel Gesang.
Kannst ihn seh'n im Strauch und im Baum.
Und manchmal erscheint er im Traum.

Du kannst ihn spür'n in der Freundschaft Band
mit allen, die dir seelenverwandt.

Du kannst ihn seh'n im Auge vom Tier,
das als Gefährte gegeben dir.

Gott ist die Liebe.
Das ist gewiss.
Gott ist die Liebe,
vergiss das nicht.

Er ruft dir zu
im leichten Wind:
„Auch du
bist mein geliebtes Kind!"

Ingeborg Wenzler

*Ingeborg Wenzler (*1930) war Imkerin, Büroangestellte und Reporterin. Mit ihren Gedichten, die in ihrem Kopf als Lieder ankommen, will sie Glauben, Liebe und Hoffnung vermitteln und zum positiven Denken anregen.*

Wenn ich Gott wäre
Von Annette Jantzen

Vorwort:

„Wenn ich Gott wäre" war ein Beitrag beim Preacher Slam der Gemeinde Zeitfenster Aachen im Februar 2015. Der Slam stand unter dem Motto „Und Gott lachte". Die kirchliche Debatte um Queerness hat derweil Fahrt aufgenommen, Queerfreundlichkeit ist in der katholischen Kirche aber leider noch lange keine Selbstverständlichkeit.

Als ich klein war, dachte ich immer, der Kelch würde von alleine klingeln, wenn der Priester ihn hochhebt. Es hat Jahre gebraucht, bis ich dahintergekommen bin, wie das wirklich funktioniert. Ich hab dann Theologie studiert, weil auch nach der Entdeckung der Glöckchen noch Fragen offengeblieben waren. Einigen Studienkolleg*innen war es ähnlich gegangen; einer hatte immer geglaubt, Pontius Pilatus wäre eine Krankheit: „Gelitten unter"! Wenn ich Gott wäre, ich fände das großartig.

Genauer: Wenn ich Gott wäre und das Universum mit seinen Milliarden Galaxien kennen würde, fände ich es absolut großartig, dass diese Leute im hintersten Winkel der Milchstraße unbeirrt versuchen, das Göttliche zu verstehen: ausgerechnet

Leute, die denken, dass eine digitale Körperfett-Waage mit integrierter BMI-Anzeige das ultimative Instrument ihrer Selbsterkenntnis wäre.

Wenn ich Gott wäre, fände ich es darum auch sehr vernünftig von ihnen, sich erst mal mit sich selbst zu befassen, bevor sie sich an mich wagen (obwohl ich, wenn ich Gott wäre, auch ihre Theologie total spannend finden würde, weil ich da immer noch was lernen könnte). Wenn ich Gott wäre, hätte ich große Sympathie für ihre Selbsterkenntnis, dass Lachen und Weinen typisch menschlich sind und sie von den anderen Lebewesen auf ihrem Planeten unterscheidet. Im Lachen und Weinen finden sie die sinnvolle Reaktion auf Sinnlosigkeit:

Wenn der Sinn um sie zusammenbricht und sie die Fassung verlieren, überlassen sie ihrem Körper die Führung und der lacht – oder weint. Wenn ich Gott wäre, könnte ich seit der Geburt Jesu dazu sagen: Das kenn ich, ich bin auch nur ein Mensch.

Wenn ich Gott wäre, dann wüsste ich manchmal auch nicht, ob ich lachen oder weinen soll. Weil das Leben in seiner Größe so unbegreiflich ist (das wäre es für mich natürlich nicht, wenn ich Gott wäre, aber trotzdem). Weil es so schön und manchmal so schrecklich ist, weil es großartig und heilig ist. Wenn ich Gott wäre, würde ich mir für meine Menschen nichts mehr wünschen, als dass sie das Leben lieben.

Wenn ich Gott wäre, würde ich mich aber natürlich auch freuen, wenn die Leute etwas von mir verstehen würden. Nicht nur, dass der Kelch nicht von alleine klingelt, auch wenn das schon mal ein guter Anfang ist. Wenn ich Gott wäre, fände ich es glatt ein bisschen schade, dass ich beim letzten Abendmahl nicht selbst an einen klingelnden Kelch gedacht habe.

Wenn ich Gott wäre, bekäme ich spätestens dann Angst um meine Leute, wenn sie aufhören würden, sich vorzustellen, dass auch ich lachen und weinen kann. Und wenn für sie selbst bei der Religion der Spaß und vor allem das Mitgefühl aufhören würden.

Alle Diktaturen zeichnen sich durch Humorlosigkeit und Empathielosigkeit aus – wenn ich Gott wäre, wäre der Tag, an dem meine Leute aufhörten, über sich und mich lachen und weinen zu können, ein sehr schlechter Tag, um Gott zu sein.

Wenn ich Gott wäre, würde es mich manchmal jucken, meinen Leuten eine Prophetin zu schicken, die sie mal fragt, ob sie eigentlich noch alle Dornen an der Hecke haben. Zum Beispiel, wenn ein Priester versetzt wird, weil er ein lesbisches Paar gesegnet hat.

Begründung: Homosexuelle Menschen dürfen nur einzeln gesegnet werden, nicht als Paar.

Wenn ich Gott wäre – das wäre einer der Momente, wo ich es sehr schätzen würde, lachen und weinen zu können.

Wenn ich Gott wäre, würde es mich aber doch auch noch interessieren, wie weit sie denn voneinander entfernt hätten stehen dürfen. Dann würden meine Leute sagen, dass Homosexualität laut Bibel ein Gräuel ist. Dann würde ich sie daran erinnern, dass laut Bibel auch Garnelenessen ein Gräuel ist – und mich selbst würde ich daran erinnern, dass es immer mal Probleme geben kann, wenn man einen Ghostwriter beschäftigt. Und ich würde sie fragen, ob wir das mal beim nächsten Sushi-Abend bereden sollten. Ich meine, vom Standpunkt der Garnele aus betrachtet, ist da natürlich was dran. Und für homosexuelle Garnelen ist das immerhin noch ausgleichende Gerechtigkeit.

Naja, wenn ich Gott wäre, wüsste ich ja, dass meine Mühlen langsam mahlen, und dass auch im hintersten Winkel der Milchstraße noch nicht aller Tage Abend ist, mal so universal gesehen. Ich hätte Übung in Geduld und würde darauf vertrauen, dass meine Leute letztlich schon noch finden werden, dass die Liebe wie das Leben ein großes Geheimnis ist.

Wenn ich Gott wäre, dann würde ich es lieben, wenn Menschen lachen. Und darum wäre ich heute hierhergekommen, um mir den Preacher Slam anzuhören. Ich bin zwar nicht Gott, aber ich finde es immer toll, wenn Gott und ich das Gleiche vorhaben.

Wenn ich Gott wäre, dann wäre ich jetzt und hier bei euch und ich würde euch sagen wollen:

Ihr seid wunderbar, egal, wie viel oder wie wenig ihr von euch selbst und von mir versteht.

Ich liebe es, wenn ihr lacht, und ich weine mit euch, wenn ihr weint. Und ohne euch wäre es schrecklich einsam im Universum. Amen.

Annette Jantzen

*Dr. Annette Jantzen (*1978) ist katholische Theologin und als Frauenseelsorgerin, Autorin und Rednerin tätig. Ihre Themen sind u.a. feministische Theologie und Theopoesie. Mehr unter: www.annette-jantzen.de*

Das letzte Wort –
noch so viel ungesagt.

Das letzte Wort
Von Katharina Schmidt

Noch schwebt ihr sattes Rot über dem Meeresspiegel,
noch wärmen ihre Strahlen den Horizont.
Doch wenn sie untergeht, weißt du nicht,
ob sie jemals wiederkommt.

Das letzte Wort –
alles was bleibt von mir.
Das letzte Wort –
dann gehst du weg von hier.
Das letzte Wort –
noch so viel ungesagt.
Das letzte Wort … und dann Stille.

Schillernd bunt schwebt sie durch die Lüfte,
die Umwelt spiegelt sich in ihr.
Doch jeden Moment kann sie platzen,
für immer verschwinden von hier.

Ich möchte dir gerne noch danken
für unsre gemeinsame Zeit,
für all deine Worte und Taten,
zu früh schon ist es so weit.

Und ich möchte dich gerne noch bitten,
dass du vielleicht mal an mich denkst,
dass du überall auf dich Acht gibst,
darauf, wem du dein Herz nun schenkst.

Das alles möcht ich dir sagen,
bevor es bald zu Ende ist.
Doch stattdessen bin ich ganz leise,
genau so, wie du es grad bist.

Das letzte Wort –
alles was bleibt von mir.
Das letzte Wort –
dann gehst du weg von hier.
Das letzte Wort –
noch so viel ungesagt.
Das letzte Wort … und dann Stille.

Ton um Ton schwebt uns ins Ohr,
betörend diese Melodie.
Doch dann entfernt sich dieser Schall,
wiederkehren wird er nie.

Durch das Lesen dieser Buchstaben
erwachen Charaktere zum Leben.
Doch wie in jeder Geschichte
wird es bald ein Ende geben.

Und ich möchte dich gerne noch fragen,
ob du schon bereit dafür bist,
ob du Angst davor hast aufzubrechen,
ob das der letzte Abschied ist.

Das alles möchte ich dich fragen,
bevor es bald zu Ende ist.

Doch stattdessen bin ich ganz leise,
genau so, wie du es grad bist.

Und ich möchte dir gerne noch sagen,
dass das noch nicht alles ist.
Denn ich möchte dir gerne noch sagen,
dass ich dich liebe, so wie du bist.

Das letzte Wort –
alles was bleibt von mir.
Das letzte Wort –
dann gehst du weg von hier.
Das letzte Wort –
noch so viel ungesagt.
Das letzte Wort … und dann Stille.

Katharina Schmidt

*Katharina Schmidt (*1993) ist Psychologin einer kleinen psychiatrischen Station. Sie begeistert sich immer wieder sehr für Menschen, das Meer, die Freiheit und wildes Tanzen. In ihrer Freizeit ist sie meistens am Bodensee zu finden.*

Vielleicht heute ein Wunder.

Hoffnung
Von Mila Bubliy

newsfeed durchscrollen
vielleicht heute ein wunder
irgendwann gewiss

frischer morgentau
das ende von irgendwas
ich weiß nicht mal wie

tiktok statt ticktack
„hey du" wird mehr als worte
wenn der nächste hilft

geduldig bleiben
selbst die bahn kommt mal pünktlich
wenn es drauf ankommt

hundswettertage
bis es neue tulpen gibt
die aufrecht stehen

Mila Bubliy

Mila Bubliy ist international ausgestellte Künstlerin. Ihre Mixed Media-Werke beschäftigen sich mit Gesellschaft und Umwelt. Ihre literarische Arbeit greift diese Multiperspektivität auf – unter anderem in Form von Kurzgedichten.

Dabei hast du es doch
selbst in der Hand!

Karma
Von Janina Mau

Da liegst du, Baby,
im harten Bett deiner grimmigen Hoffnung
und bist so müde…
Du warst ein Baby,
das zu wenig Zeit im Bauch hatte.
Hast dich zu früh in die Messlatte
der Welt gepresst,
hast dich nie versteckt,
dich immer in jede Clique
und jeden Joke eingecrackt,
doch bist ein Mensch,
der zu wenig Zeit für sich selbst hat.
Und zu viel für andere.

Du bist ein Mensch,
der zu viel gibt.
Weil du das Geben liebst.

Doch du gibst dir selbst zu wenig
und erwartest kleinlich,
dass andere dir geben,
was du dir sehnlich wünschst,
was du dir doch einfach selbst geben könntest –
Aufmerksamkeit und Zeit und Liebe…
Und diese kleinen netten Gesten,
hier und da,
die so gesund sind!

Aber scheinbar bist du dir dazu selbst zu wertlos.
Du gibst dich gern groß
und selbstlos,
du gibst anderen lieber Liebe
als dass du in Betracht ziehst,
dich selbst zu lieben.
Stattdessen forderst du ein,
zurückzukriegen.
Du erwartest es.

Du gibst und gibst und liebst andere,
merkst nicht, dass *dein* Leben
sich durch noch mehr Geben
auch nicht besser anfühlt.
Dass sich die Leere in dir
durch noch mehr Menschen-Glücklichmachen
auch nicht füllt.
Stattdessen bist du von Unzufriedenheit umhüllt
und gibst… bis du müde bist.

Du bist ein Mensch, der müde ist,
von all dem, was er gibt.
Du bist ein Mensch, der müde ist,
von all dem, was er zu wenig kriegt.
Und du gibst und gibst und gibst
und… liebst
dich selbst nicht wie du es verdienst.

Immer noch glaubst und vertraust du
auf Gerechtigkeit –

meinst, dass sich alles zur rechten Zeit
schon richtig richten wird.
Du glaubst immer noch,
dass Menschen dazu geboren sind,
ein natürliches Gefühl
für Fairness in sich zu tragen,
einzustehen und aufrichtig zu sein
und zurückzugeben, was sie genommen haben.

Du glaubst immer noch,
dass Menschen für Freundschaften
durch Dornenbüsche laufen
oder dass sie ihre 50-Quadratmeter-Komfortzone
ein Mal gegen einen Hektar Neuland tauschen…
Du hast wirklich tief geschlafen, Baby.

Doch jetzt klingelt dein Wecker!
Und die Realität bohrt sich unter deine Decke
aus warmen Träumen von „one-love-one-people",
„one for all and all for one"…
Wach auf, Baby, er ist längst ausgeträumt.

Menschen sind beschäftigt mit sich selbst.
Hilfeleistungen sind ihnen lästig.
Und wenn, dann tun sie sie meist
aus hässlichen Motiven –
zum Beispiel damit sie am Ende zufrieden
mit ihrem Selbst- und Außenwelt-Fremdbild sind.
Sie geben nicht gern
freiwillig.

Und wenn, dann selten aus Freude,
sondern meist aus Kalkül.
Weil *jeder* etwas zurückhaben will.
Und wenn Menschen etwas umsonst kriegen,
dann nehmen sie es und schauen nicht zurück.
Denn immer noch pflanzt
sich das Recht des Stärkeren fort,
nicht das des Netteren.

Doch du bist Sternzeichen Waage,
genau wie ich.
Genau wie mich
fuchst es dich,
wenn nicht alles ausgewogen ist.
Deine Seite der Waagschale ist voll,
du findest, es ist Zeit,
dass Zahltag ist.
Du wartest, täglich,
dass dein Karma endlich Payout-Day hat.

Denn du bist ein Mensch, der müde ist,
von all dem, was er gibt.
Du bist ein Mensch, der müde ist,
von all dem, was er zu wenig kriegt.
Und du gibst und gibst und gibst
und… liebst
dich selbst nicht wie du es verdienst.

Nun steh schon auf, Baby.
Und schau in den Spiegel.

Erkennst du darin nicht auch
dieselbe Fratze aus Kalkül?
„Guten Morgen, hier ist dein Ego.
Dein Handeln ist nicht so selbstlos
wie du immer glaubst,
denn *ich* hab' dich geschickt,
um anderen zu geben,
damit *du* dir etwas Schönes dafür nehmen kannst.
Und ich warte darauf."

Na, siehst du's?
Auch dieser schöne Kopf
da hinter *deinem* Gesicht
ist voll von Erwartungen.
Er hört nicht auf zu warten,
für seine guten Taten etwas zurückzukriegen.

Zum Beispiel ein „Danke",
einen Anruf,
ein „Und wie geht es dir?"
oder einfach nur ein respektvolles Kopfnicken.
Das ist menschlich
und das ist verständlich.
Es ist nur nicht „Karma"!
Also bitte hör auf,
dauernd *ihm* mit harschen Worten böse zu sein.
Denn es hat dich nie gebeten,
etwas zu geben.
Genau wie all die anderen Menschen
in deinem Leben...

Es ist doch wie bei uns beiden:
Jeder gibt, was er kann.
Nicht mehr und nicht weniger.
Und traurig sein ändert auch nichts daran,
sondern stellt nur eine Entscheidung vorne an:
Entweder gib,
nimm schweigend, was du kriegst,
und sei anspruchslos glücklich.

Oder lass es.
Aber stell anderen Menschen nichts in Rechnung.
Denn *Karma* ist immun gegen Forderungen.
Karma und Reziprozität kennen sich nicht;
sie tänzeln immer behände aneinander vorbei,
that's life!

Ich weiß, du machst alles richtig
und gehst trotzdem ständig leer aus.
Ich weiß, das frustriert dich
und wühlt dich auf.
Du ziehst deine warme Decke aus Tagträume
nochmal rauf über dein Gesicht,
du versteckst dich, und wartest…

Auf einen besseren Tag,
auf ein glücklicheres Leben,
auf dass dein Karma sich endlich erbarmt,
auf dass dir Dinge *passieren*,
die dich glücklich machen…
Dabei hast du es doch selbst in der Hand!

Also bitte, Baby,
versteck' nicht dein Lachen
und deine unschlagbare Fröhlichkeit
hinter traurigem Warten.
Denn solange du wartest
und dich ungerecht behandelt fühlst,
wird es einfach nichts.
Nicht einmal mit dem Karma...

Ich weiß, du bist müde,
von all dem was du gibst.
Ich weiß, du bist müde,
von all dem, was du zu wenig kriegst.
Und du gibst und gibst und gibst
und gibst und gibst und…

Ich liebe dich dafür.

Und eines Tages *wird* es sich auszahlen.
Und wenn nicht in *diesem* Leben,
dann ganz bestimmt in einem nächsten.

Janina Mau

*Janina Mau (*1987) arbeitet als Bühnenpoetin und bildneri-sche Künstlerin. Die Weltenbummlerin trifft man bei Poetry Slams, Lesebühnen, Reise-Vorträgen, Künstlermärkten und Ausstellungen an. Mehr unter: www.kunstistmau.de*

Zwei Striche,
die sich kreuzen,
wie Sünde und Gnade,
wie Leben und Tod.

Kreuzfahrt
Von Max Schneider

Sie trägt ihr Kreuz
stets mit Stolz
um den Hals.
Dort können es alle sehen.
Doch die Wenigsten verstehen,
was es damit auf sich hat.

Das Kreuz,
ein Symbol,
so simpel,
zwei Striche,
die sich kreuzen,
wie Erde und Himmel,
wie Mensch und Gott.

Ein Symbol,
so bedeutungsvoll und stark
wie kein Zweites.
Einst Folterinstrument
spielte es das Lied vom Tod.
Schmerz und Leid klebt an ihm,
wie Liebe und Kummer am Herzen.

Unter Folter und Leid
musste Jesus unser Kreuz tragen.
Schmerzen ertragen,
welche ich mir nicht vorzustellen vermag.

Ausgepeitscht,
angespuckt,
ans Kreuz genagelt.
Und wofür?
Für uns!

Sein Leid aus Liebe zu mir.
Sein Leid aus Liebe zu dir.
Mitleid,
weil aus unserem Leid,
sein Leid wurde.
Er litt für uns,
damit wir nicht mehr leiden müssen
unter der Folter und Sklaverei der Sünde.

Deshalb trägt sie ihr Kreuz
stets mit Stolz
um den Hals.
Sie feiert Jesus
voller Begeisterung
ist ein leidenschaftlicher Fan.
Und alle sollen es sehen.

Aber manchmal ist ihr Kreuz
mehr Schein als Sein.
Manchmal mehr Deko als Wahrheit.
Sie trägt zwar das Kreuz um den Hals
aber Jesus oftmals nicht im Herzen.
Sie weiß viel über ihn
aber kennt ihn doch nicht.

Bewusst für ihn entschieden,
lebt sie doch geschieden von ihm.
Eher neben,
als mit ihm.

Das Kreuz hängt
in seinem Zimmer
an der Wand.
Doch kaum einer wusste,
weshalb es sich dort befand.

Das Kreuz,
ein Symbol,
so simpel,
zwei Striche,
die sich kreuzen,
wie Sünde und Gnade,
wie Leben und Tod.

Ein Symbol
so bedeutungsvoll und stark
wie kein Zweites.
Das Kreuz schmückt Friedhöfe
als Zeichen des Todes,
wie Sand am Meer.
So wiegt es doch schwer
im Auge des Trauernden.

Wir sind in der Sünde gefangen,
von mir angefangen

bis zum Letzten hier.
Und natürlich können wir probieren,
uns daraus zu befreien.
Aber werden doch immer verlieren.
Können nur ehrlich kapitulieren.

Der liebende Vater wusste dies,
deshalb ließ
er seinen Sohn zu uns hinabsteigen,
um uns zu zeigen,
was es bedeutet, Gnade zu erfahren.
Gott stellte sich selbst ans Kreuz,
damit da, wo einst Jesus am Kreuz hing,
die Sünde verging.

Deshalb hängt das Kreuz
in seinem Zimmer
an der Wand.
Und immer, wenn er es sieht,
weiß er, dass jemand ihn liebt.
Er ist ein begnadigter Fan,
der Gnade empfing
als Jesus für ihn starb.
Doch er starb nie für Jesus.
Im Leben ist er nach wie vor
auf eigne Vorteile aus.
Das eigne Ego ist in ihm zu Haus.
Es überwiegt der Leistungsdrang,
anstatt der Neuanfang
als geliebtes Kind Gottes.

Beschämende Erkenntnis,
dass ein Stück Wahrheit von ihnen
auch in mir steckt.
Bin alles andere als perfekt.
Oft gefangen als einsamer Fan,
der lebendige Beziehung sucht.
Sie aber nicht findet,
sich zurück zieht
und lieber Herr der Ringe ansieht.

Dort heißt es:
„Ein Ring, sie zu knechten,
sie alle zu finden,
ins Dunkel zu treiben
und ewig zu binden."
So unterschiedlich Herr der Ringe
und Jesus doch sein mögen,
so vereint sie doch eines.
Bei beidem
geht es um Nachfolge.
Die Gefährten folgten Frodo
bis ans schwarze Tor von Mordor.
Und wir folgen Jesus ans Kreuz nach.

Wenn ich heute das Kreuz ansehe,
sehe ich darin weder Folter noch Tod.
Stattdessen erblicke ich ermutigende Hoffnung,
gekreuzt mit bedingungsloser Liebe,
tiefer Gnade
und überschwänglicher Freude.

Denn Jesus hat das Kreuz verändert:
Dort am Kreuz
wurde Folter zu Hoffnung,
Tod zu Leben, Schuld zu Gnade,
Hass zu Liebe, Einsamkeit zu Beziehung.

Und ich weiß nicht, wo du gerade stehst,
aber wenn du aufrichtig bis ans Kreuz gehst,
dich davor hinkniest
und Jesus dein Leben hingibst,
verändert Jesus dich,
wie er das Kreuz verändert hat.
Wie er mich verändert hat.

Und wenn Jesus
bei Herr der Ringe mitgespielt hätte,
hätten sie folgendes über das Kreuz berichtet:
Ein Kreuz, sie zu begnadigen,
sie alle zu finden,
ins Licht zu führen
und ewig zu lieben.
Halleluja.

Max Schneider

*Max Schneider (*1996) arbeitet bei der Hochschulgruppe „Studierende für Christus". Es begeistert ihn, Sport zu treiben, mit Worten zu jonglieren und den Glauben auf authentische Art und Weise zu leben und zu teilen.*

Liebe deinen Nächsten oder so
Von Elias Raatz

Ich bin regelmäßig darüber entsetzt, welche Menschen sich selbst als „Christen" bezeichnen. Meiner Meinung nach schiebt man sich spätestens in dem Moment ins christliche Abseits, wenn es um den Umgang mit Flüchtenden geht. Denn aus christlicher Sicht sollte die eigene Haltung zu diesem Thema eigentlich klar sein:

In der Bibel steht, Gott habe alle Menschen geschaffen und alles Leben sei gleich wertvoll. Jesus selbst meine, es sei das wichtigste Gebot, seinen Nächsten zu lieben (wie sich selbst). Ich bin der festen Überzeugung, das gilt nicht nur für jemanden, der in direkter Nachbarschaft wohnt. Sondern auch für ihn, der in Aleppo vor Bomben flieht. Für sie, die sich nicht wegen ihres Geschlechts unterdrücken lassen will. Und für das Kind, das im Mittelmeer ertrinkt, während Menschen, die sich als „Christen" bezeichnen, Seenotrettung illegalisieren.

Alle Menschen sind gleich wertvoll und haben das gleiche Recht auf ein gutes, ein sicheres und vor allem ein menschenwürdiges Leben.

Elias Raatz

*Elias Raatz (*1997) arbeitet primär als Moderator, Autor und Künstler. Er studierte Germanistik und Medienwissenschaften in Tübingen, wo er mittlerweile auch lebt.*
Mehr unter: www.elias-raatz.de

Dein Wert steht fest.

Mein Wert steht fest.

„Unbezahlbar", lautet der Preis.

Traumanfänger
Von Alina Pfeifer

Hey Gott!
Ich bin anders.
Ich wäre gerne gleich.
Ich wäre gerne Teil der Mehrheit.
Teil der Mehrheit, die behauptet, sie wäre anders.
Und die dabei so schrecklich gleich ist.
Teil der Mehrheit, die behauptet, sie wäre besonders.
Und die dabei so schrecklich nachahmend ist.

Hey Gott!
Ich höre auf, zu träumen.
Ich lebe keine Träume mehr.
Es funktioniert nicht.
Das Leben ist schwer, ohne Träume.
Aber leicht ist es auch nicht, Träume zu haben.
Die werden nicht wahr.

Hey Gott!
Ich weiß nicht mehr, wie ich beten soll.
Ich glaube, du hörst mir nicht mehr so oft zu.
Und ich habe keine Zeit.
Und außerdem kannst du ja sowieso Gedanken lesen.
Die verstehe ich selbst nicht.
Wie willst du mich dann verstehen?

Hey Gott!
Ich wollte dir das nur eben sagen.

Über eine Rückmeldung würde ich mich sehr freu-
en, aber ich erwarte nichts.
Denn ich habe Angst vor Enttäuschungen.
Liebe Grüße von meiner Angst und bis bald.

Gott schuf den Menschen zu seinem Bild.
Zu seinem Ebenbild erschuf er sie.
Und erschuf sie als Mann und Frau.
Wir versuchen uns Gott zu schaffen,
dabei hat er doch uns erschaffen.
Wir versuchen uns Gott vorzustellen,
dabei hat er sich uns vorgestellt,
uns geplant und erschaffen.
Er ist der Töpfer, wir sind der Ton.
Er der Schöpfer, wie der Sohn und die Tochter.

Ich wurde von ihm erschaffen.
Und ich wurde ganz sicher nicht geschaffen,
um alles allein zu schaffen.
Ich bin nicht allein.
Also sollte ich aufhören, das zu glauben.

Ich bin nicht für die Sorgen von Morgen geschaffen.
Schau dir die Vögel an.
Sie sind frei.
Finden jeden Tag Futter.
Sie nutzen ihre Flügel und fliegen.
Schau dir die Blumen an.
Sie nutzen den Regen und wachsen.
Sie nutzen die Sonne und blühen.

Sorgen sich die Vögel?
Sorgen sich die Blumen?
Auch sie wurden von Gott erschaffen.
Also frage ich dich, müssen wir uns sorgen?
Um das Gestern und das Morgen?

Wir wurden nicht erschaffen,
um neue Sorgen zu schaffen.
Oder Tage allein zu schaffen.
Wir wurden für seine Existenz geschaffen.
Und die ist beständig.
Nicht veränderlich.
Seine Existenz ist mein Fundament.
Da gibt's nichts dran zu rütteln, denn es steht fest.
Das Fundament.
Und der Wert.

Dein Wert steht fest.
Mein Wert steht fest.
„Unbezahlbar", lautet der Preis.
Wirf doch noch mal Feuer in die Glut.
Dann brennt es wieder.
Das Feuer in dir.
Das ist wie Wind in den Segeln.

Meine Grenzen und
all die endlosen Turbulenzen
sind seine langersehnten Lizenzen
zum Neues-Kredenzen.
Da gibt es Differenzen.

Zwischen meinen Vorstellungen
Und seinen Plänen.
Aber leider ist es oft so, dass ich erst an meinem Ende
an seinen Anfang glaube.

Dabei schreibt er Geschichte.
Seine und deine. Und meine.
Er schreibt mit uns gemeinsam Geschichte.
Und an der Stelle, wo wir das Ende der Geschichte
vermuteten, hat er das alles entscheidende Komma
gesetzt. An Ostern.
Du bist sein Kunstwerk.
Seine Handschrift. Ein Unikat.
Du hast es in dir: Alles, was du brauchst.

Wir sind erschaffen, es gemeinsam mit ihm zu schaffen.
Und wir sind berufen.
Für große Träume.
Träume groß.
Und lebe drauflos.
Er der Töpfer. Du der Ton.
Er der Schöpfer. Du der Sohn.
Er der Schöpfer. Wir die Töchter.

Und dann macht ihr Spruch auch Sinn:
Träume nicht dein Leben, sondern lebe Gottes Traum.
Versetze dich mal in Gottes Lage.
Nein, lass es sein, wir sind nicht Gott.
Und wir können uns ihn auch nicht vorstellen.
Aus Gottes Perspektive bist du anders.

Und er träumt von dir. Denn er liebt dich.
So sehr, dass er das Opfer brachte.
Uns sag mir, welchen Sinn hätte es, dich zu retten,
alles zu geben, um dich dann doch fallenzulassen?
Er hat seinen einzigen Sohn gegeben.
Gratis, aber nicht umsonst.
Denn er hat es für dich getan.
Für deine und meine Schuld.
Also sei dir sicher:
Gott hört dich. Gott sieht dich. Gott liebt dich.
Und alles, alles, was passiert,
bereitet dich auf die Zukunft vor.

Hey Gott!
Ich bin anders.
Und das weißt du.
Und du liebst es so.
Denn du hast mich so gemacht.
Einzigartig erdacht.

Hey Gott!
Ich habe Angst, zu träumen.
Aber mit dir zusammen will ich es wagen.
Ich bin ein Traumanfänger.
Und du, mein Traumfänger, der meine Träume fängt
und sich alles behält, was mich bewegt.
Hilf mir, deinen Traum zu leben.

Hey Gott!
Ich weiß manchmal nicht mehr, wie ich beten soll.

Also schreibe ich dir diesen Text.
Und ich glaube, du hörst mich,
auch wenn ich schweige.
Du kennst mich besser als ich mich selbst,
denn du hast mich erschaffen.

Hey Gott!
Ich wollte dir das nur eben sagen.
Und ich weiß, dass du mich hörst,
dass du da bist und mich liebst.
Deine Antwort lag im leisen Flüstern des Windes.
Der Wind in meinem Segel.
Ich bin auf dem Boot. Mit dir.
Mutig lasse ich mich vorantreiben.
Bis ich in deinen Armen bin.
Liebe Grüße von meinem neuen Mut.
Denn Mut, ja, Mut ist Angst, die gebetet hat.
AMEN.

Alina Pfeifer

*Alina Pfeifer (*2000) ist studierte Gesundheits- und Krankenpflegerin. Sie lebt irgendwo zwischen Hessen und Meerweh. Sie träumt und denkt viel. Wenn Kopf und Herz voll sind, schreibt sie das alles schließlich auf.*

Dieser Text erschien erstmals in:
Himmel auf Erden (von Alina Pfeifer)
Durch Glaube und Zweifel bis zum Meer und zurück.
ISBN: 978-3-98809-017-1 | dichterwettstreit-deluxe.de

wirklich wirklich
Von Schwester Sophia Gisa

hab mich so oft gefragt, ob
du wirklich für mich da bist,
wirklich an meiner seite bist,
ob das alles wirklich echt ist,
aber was ist schon wirklich echt
in einer welt in der so vieles fake
aber hauptsache on fleek ist

also what do you expect me to do?
shine bright like a diamond?
und da ist sie wieder diese frage
ist das alles wirklich wirklich
dieses gefühl deiner hand
die mich trägt, hält und
manchmal auch schubst und schiebt,
ob das nicht alles nur aufgewirbelte synapsen,
hormone und moleküle sind

und trotzdem
mein herz tanzt
es verzehrt sich in einem
bittersüßen schmerz, dass du
da und doch nicht da bist,
dass du mich anschaust und
ich dich anschaue
by the way, niemand hat je gesagt,
was für ein blick das eigentlich ist

ertappe mich oft selbst dabei, wie
ich in meinem schweigen flüstre
irgendwas zwischen
f*ck, bitte und ich vermiss dich
oder such ich doch wieder nur mich?
oder mich in dir?
ich weiß es auch nicht mehr

und mir steigen die hilflosen tränen auf
ja, wo bist du denn
zwischen allen insta- und tiktok-trends?
wenn mal wieder nichts kommt wie bestellt
dabei ist mir schon klar,
dass du nicht bist wie zalando oder lieferheld
wenn alles was ich mühevoll
gebaut, verziert und repariert
habe
zerbricht, zerkratzt und zerfällt

diamonds are made under pressure baby
ja sure, aber ich seh' am kreuz
keine krone mit diamanten
ich sehe nur dich
einen mensch – einen gott
der geliebt hat
mehr geliebt hat als alles andere
einen mensch in dem du funkelst
aus jeder pore
ein funkeln das
nicht auf knopfdruck bestellbar

oder recommendbar ist
ein strahlen, das aus güte wächst

weil lass mal sanft sein
und weich sein
und warm sein
diese wärme ist es
an die ich glaub', an der ich festhalt',
wenn ich wieder in meiner nacht stehe
vor meinen misfits und f*ckups
wenn zalando und lieferheld
mal wieder nicht kommen
weil ich meine,
dass meine bestellscheine
deinen wundern im moment
superior sind

dann spür ich, wie der nachtwind
kaum merklich wärmer wird,
weil auch meine nacht
mit dir leuchtet und mir dämmert
wirklich sind wir zwei
you and i

Schwester Sophia Gisa

*Sr. Sophia Gisa (*1991) ist Franziskanerin von Siessen und Beraterin bei einer Berliner Design- und Kommunikationsagentur. Sie ist Feministin und setzt sich für eine Kirche ein, in der alle geliebt und angenommen sind.*

Der Mission folgen,
die uns verliehen,
nicht arrogant,
nicht moralisch,
nicht vom hohen Ross.

Der Status
Von Jens Keil

Vorwort:

Die Evangelische Kirchengemeinde im Stuttgarter Stadtteil Feuerbach steckt mittendrin im Transformationsprozess auf dem Weg zu einer zukunftsfähigen Kirchengemeinde. Zwei Kirchen wurden verkauft. Die Zahl der Pfarrstellen wird sich innerhalb von 20 Jahren von acht auf zwei reduziert haben. Mehrere schmerzhafte Entscheidungen wurden getroffen.

Als Pfarrer begleite ich die Kirchengemeinde auf diesem Weg und sehe es als meine Aufgabe an, die Menschen – und auch mich selbst – immer wieder an die wesentlichen Dinge im Glauben zu erinnern: Nicht Steine machen Kirche aus oder die Zahl der Menschen, die kommen, sondern die Glaubwürdigkeit derer, die da sind (und seien es auch nur wenige). Entscheidend ist, wie sie den Glauben an den Gott der Liebe in die Welt hinaustragen.

Ein Glaube an den Gott, der den Tod besiegt hat, kann nur erfüllt sein von bedingungsloser Zuversicht.

Wir sollten Osterhasen sein, keine Angsthasen.

Der Status – das ist wichtig heutzutage:
in den Social Media preiszugeben
in jeder Lebenslage.
Sein Regen, sein Streben,
jede Befindlichkeit – und sei es noch so banal, fatal
– manchmal,
wenn man nicht korrigiert,
was Unvorhergesehenes passiert.
Jedoch auch ganz witzig, was spritzig
es zu schreiben in wenigen Worten…

Boah – Stress.

Aber gut – Not tut, was Gehaltvolles zu finden,
schließlich bin ich Pfarrer
und fühl mich verbunden,
der Welt zu verkünden,
was wichtig ist, was trägt,
was weiterhilft, wenn die Welt schräg
mal wieder sich erweist, der Strick reißt
und man sich einscheißt.

Und so hab' ich auf WhatsApp geschrieben,
den Satz von Luther,
der mich durch's Leben führt wie eine Mutter,
mich antreibt, mich auffängt,
aufreibt, sich einbrennt,
im Beruf und privat –
wenn es gilt zu entscheiden,

zwischen rechts oder links,
zwischen vor und zurück,
ich die Verantwortung habe,
von mir abhängt das Glück,
um dann, wenn es weh tut, den Schmerz zu fühlen,
in der Bitternis zu wühlen,
zu klagen, sich zu schämen,
wenn es schief geht, sich quälen
und zu beweinen die Konsequenzen:
6 – setzen!

Ich schrieb's auf lateinisch und entschuldige mich.
Eine Berufskrankheit sicherlich,
ich bitte um Nachsicht und übersetze sogleich:
so liest sich der Satz auf Deutsch
in meinem Statusbereich:

„Sündige tapfer – aber glaube noch tapferer"

Ein Aufruf zur Sünde? Wohl kaum.
Dafür gab es bei Luther keinen Raum.
Vielmehr Verantwortung zu übernehmen,
tapfer zu entscheiden.
Wenn es sein muss, es nicht vermeiden,
nicht sich drücken,
sich wegbücken,
nicht anderen überlassen,
sich die Finger schmutzig zu machen,
zu entscheiden, auch wenn es sein muss
zwischen Pest und Cholera,

zwischen Sodom und Gomorra,
auch wenn die Faktenlage nicht klar.
Entschieden werden muss!
Tapfer – nach bestem Wissen und Gewissen.

Schluss.

Und was ist, wenn man falsch lag,
nachts aufwacht im Schweißbad,
wenn man sich wälzt, schuldig,
schmerzhaft geduldig
das Hirn sich martert auf der Suche nach Rat?
Dann gilt es zu glauben –
noch tapferer zu sein
als zuvor, als man entschieden hat
zwischen ja oder nein.
Tapfer zu glauben an den Gott der Liebe,
der verzeiht, alles.
Meine Fehler, meine Sünden,
was ersonnen mein kaltes Herz
in Unwissenheit oder gar im Scherz.

Salz der Erde sollen wir sein,
Verantwortung übernehmen,
diese Welt gestalten,
und so soll sie vernehmen,
dass wir wollen
wie wir sollen, uns einmischen,
Position beziehen, nicht kuschen.

Der Mission
folgen, die uns verliehen,
nicht arrogant, nicht moralisch,
nicht vom hohen Ross.
Den Finger lassen wir stecken,
wir sind nicht der Boss.

Doch wir haben was zu sagen zur Lage der Welt.
Zu Waffenrüstung und Klima,
zu Tierschutz und Geld.
Zu jedem Thema,
das Schöpfung und Mensch betrifft,
wann immer Gottes Wort
zu Freiheit und Liebe verhilft.

Nicht weil wir es besser können oder wissen,
sondern weil wir voller Sehnsucht
die Liebe vermissen.
Und das ist kein Freibrief
– versteht mich nicht falsch.
Leichtmachen dürfen wir es uns keinesfalls.
Wenn wir entscheiden,
sind Fehler programmiert,
das Beste man will,
doch der Fehlerteufel arrangiert,
dass wir falsch liegen, versagen,
peinlich blamiert
dastehen, uns fragen,
um Verzeihung bittend,
bei denen, die klagen.

So tun wir es bescheiden,
demütig, aus gutem Glauben,
und voller Hoffnung,
dass die Untaten, die uns rauben,
den Schlaf,
das Gleichgewicht,
den Seelenfrieden,
die Unschuld,
trotzdem Gnade finden vor Gott in seiner Huld.

Wir entscheiden trotzdem.
Wir drücken uns nicht.
Frei sind wir zu entscheiden
– furchtlos –
weil in seinem Licht
all unsere Fehler, die Sünde,
an seiner Liebe zerbricht.

Der Status – das ist wichtig heutzutage:
Der Welt preiszugeben über jede Lebenslage.
So verkündige ich gern,
den Kern
und Stern
meines Lebens,
Gott ist Vergebung.
Gott ist die Liebe.

Vergebens
ist zu hoffen, ohne Entscheidung zeitlebens
sein Leben zu leben ohne Konsequenzen,
ohne Verdruss.
Denn manchmal ist es einfach so:
Entschieden werden muss!

Schluss.

Jens Keil

*Jens Keil (*1966) arbeitete zunächst zwei Jahre bei der evangelisch-landeskirchlichen Pressestelle, bevor er sich dazu entschied, Gemeindepfarrer zu werden. Sein Weg führte ihn von Gerlingen über Aldingen/Remseck bis nach Feuerbach. Mit seinem Text gewann er den Stuttgarter Preacher Slam 2023.*

Viele sind noch auf der Suche,
für des eig'nen Lebens Sinn,
ziehen rastlos und getrieben,
ohne richtiges Ziel dahin.

Glauben, mehr als nur ein Wort?
Von Hubert Baumann

Es heißt, Glaube kann Berge versetzen,
lasst mich zu dem Thema ein paar Verse setzen:

Leicht gesagt ist „Kaum zu glauben!",
ausgesprochen schnell dahin,
ohne auch nur nachzudenken,
ob der Satz macht wirklich Sinn.

Einfach kurz dahergeredet,
sagt der Satz doch gar nichts aus,
nur wer den Kontext hat verstanden,
bekommt den Sinn vielleicht heraus.

Für was genau, so ist die Frage,
könnte dieser Satz dann stehen,
nur Unwissenheit verschleiernd,
dürfte weit genug nicht gehen.

„Wer's glaubt, wird selig", ist ein weiterer
gern genutzter Satz beim Reden,
suggeriert dem Gegenüber,
dass die Wahrheit nicht gegeben.

„Wer's nicht glaubt, kommt auch in den Himmel",
ist leicht gesagt und schnell ausgesprochen,
doch ob das wahr ist,
bleibt nur zu hoffen.

Noch ein Satz, der oft gebraucht,
ist „Glauben heißt nicht wissen“.
Wenn Glauben hier für hoffen steht,
möcht' ich ihn nicht vermissen.

„Ich glaube, dass…“, wird oft genutzt
und suggeriert gar jedermann,
dass man auch ohne weiteres Wissen
von etwas überzeugt sein kann.

Ist es nicht paradox in dieser Zeit,
wo „Glaube“ bei Vielen schon beendet
und doch ohne viel darüber nachzudenken,
das Wort „Glauben“ wird verwendet?

Ist dies ein Zeichen von „oben“,
oder eher von Nichtwissern Nichtwissen,
die aktuell noch nicht verstehen,
was Sie im Innern doch vermissen?

Doch an was glaubt, wer nicht glaubt,
was ist das Ziel des ganzen Seins?
Wenn der letzte Atem fällt,
wird es das gewesen sein?

Ein schwarzes Nichts,
ein dunkles Loch,
keine Hoffnung,
oder doch?

Viele sind noch auf der Suche,
für des eig'nen Lebens Sinn,
ziehen rastlos und getrieben,
ohne richtiges Ziel dahin.

Und sie suchen und sie suchen,
wollen den Sinn genau ergründen,
und sie hoffen, ja sie hoffen,
dass sie diesen werden finden.

Der Weg bei dieser Suche
ist nicht selten ein Kreisverkehr,
eine Ausfahrt dort zu finden,
ist im Leben oft sehr schwer.

Ständig kommen viele Weitere,
in den Kreisverkehr hinein,
dadurch scheint der Weg der Richtige
und man schon nah am Ziel zu sein.

So dreh'n sie täglich ihr Runden,
sind sehr aktiv und stets im Flow,
machen viele Kilometer,
für die eig'ne Täuschungs-Show.

Kommt irgendwann dann die Erkenntnis,
dass man im Kreis sich fortbewegt,
zeigt das Leben leider oft,
dass dies für Viele schon zu spät.

Der Motor ausgepowert
von der langen Strecke Weg
und statt einer Ausfahrt
die Depression vor einem steht.

Darum schau genau auf deiner Strecke,
wo es eine Ausfahrt gibt,
Glauben hilft als Navigator,
sodass man sie auch wirklich sieht.

Denn oftmals ist, so sagt die Weisheit,
dass was so fern ist, doch so nah.
Und es genügt den Blick zu schärfen
und schon sieht man so vieles klar.

Viele kleine Glücksmomente,
die direkt am Wegrand stehen,
lassen sich so sehr leicht finden,
direkt schon beim Vorübergehen.

Zu erkennen, dass das Kleine,
immer auch Teil des Großen ist,
ist eine wichtige Erkenntnis,
dass auf dem richt'gen Weg du bist.

Meist genügen wenige Dinge,
auf dem Weg zum eigenen Glück,
aufrecht sein und Nächstenliebe
sind davon ein großes Stück.

Wird gesagt, es glückt das Leben,
und einem Gutes widerfährt,
sollten wir die Zeit uns nehmen,
dies wär' doch mal ein DANKE wert!

Doch wer nicht glaubt, wem soll der danken,
da Glück dann nur ein Zufall ist,
ein persönliches Charisma,
das jedem Mensch zu eigen ist.

Dass es noch was Größeres gibt,
wird gern geleugnet und ignoriert,
denn sonst wär' das eigene Ego,
sehr schnell ganz schön krass blamiert.

So wird stolz und laut verkündet,
dass alles aus eigener Kraft geschafft,
als Glückskind geboren, nur durch eigenes Tun,
man all das Glück zusammengerafft.

Ist so das Leben, ist das ein Ziel?
Oder ist dies viel zu kurz gegriffen?
Rein dem Ego nur geschuldet
und lässt die Realität vermissen?

Wer mit dem Blick zum Horizont
durch das eigene Leben geht,
der wird den Stein nicht sehen,
der in den Weg gelegt.

Denn was ist los und was passiert,
wenn das Glück den Weg nicht findet,
hat die Abzweigung verpasst
und sich nicht mehr an dich bindet?

Kann nicht Viel viel leichter sein
im Vertrauen auf ein Wesen,
welches schon von Anbeginn
unser Helfer ist gewesen?

Dieser Glaube lässt mich hoffen,
gibt meinem Leben einen Sinn,
lässt mich jeden Tag erleben,
als einen großen Zugewinn.

So wünsch' ich mir, von ganzer Seele,
dass Viele den richtigen Weg auch finden,
und „Glauben" nicht nur in Sprüchen,
sondern auch im Herzen finden.

Hubert Baumann

*Hubert Baumann (*1964) arbeitet als Marketingexperte und engagiert sich seit vielen Jahren in der katholischen Kirche seiner Heimat VS-Schwenningen. Er ist der Überzeugung, dass Glaube in jeder Lebenslage ein sicherer Anker ist.*

Dein Happy End
Von Rebecca Rostan

Vorwort:

Wir alle sind auf der Suche nach Glück. Jeder sehnt sich danach, zufrieden zu sein. Wenn ich mit meinem Abschluss fertig bin, dann werde ich glücklich sein. Das hält dann vielleicht für eine kurze Zeit an, insofern ich nicht in ein Loch falle, oder es wird direkt auf das Nächste hin gefiebert. Wenn ich mein erstes Auto habe, wenn ich Haus und Familie habe, … dann werde ich glücklich sein.

Doch egal worin ich hoffe, mein Glück zu finden, wird es mich doch immer wieder leer zurücklassen. Nichts auf dieser Welt kann meine Sehnsucht und Hoffnung langfristig tragen und erfüllen.
Damit ist die Hoffnung auf Glück wohl verloren, es sei denn, wir können Glück, Zufriedenheit und Hoffnung bei einem finden, der nicht von dieser Welt ist.

„Und sie lebten glücklich und zufrieden,
bis ans Ende ihrer Tage.“
– Schnips –
Film vorbei, Fernseher aus
und nun sitzt du hier, allein Zuhaus'.
Weit weg von diesem Happy End,
welches du nur aus teuren Filmen kennst.

Die Wohnung ist dunkel und du fühlst dich allein.
Heute ist es so einfach, einsam zu sein.
Du hast zwar viele Follower auf diversen Seiten,
doch niemand sieht die schweren Zeiten.

Das Bild vom Strand wird hochgeladen,
doch vom Streit davor wagst du nichts zu sagen.
Nach außen hat alles seinen glücklichen Schein,
aber innerlich fühlst du dich allein.

Alle sind sie nur online dabei.
Dein Gedanke: „Noch ein Like und ich bin frei."
Frei zu denken, dass ich es geschafft habe.
Frei zu sagen, dass ich Wert habe.

Doch dieses Freisein tritt nicht ein.
Es ist jedes einzelne Mal nur toter Schein.
Eine Fata Morgana am Horizont,
die sich auflöst, sobald man näherkommt.

Da ist kein Happy End,
egal wie lange du ihm entgegenrennst.
Da ist der eine Like
und wieder hat er dich nicht befreit.

Die Leere in dir, sie breitet sich aus.
Sie fühlt sich schon lange in deinem Herzen Zuhaus'.
So oft hast du schon versucht, die Leere zu füllen.
Doch langfristig konnte dich bisher nichts erfüllen.

Die Feiern und Partys hatten einen kurzen Effekt.
Alkohol und begehrt werden schienen so perfekt.
Doch der Feierspaß lässt dich mit Kopfweh zurück.
Wo ist es, dieses lang versprochene Glück?

Da ist kein Happy End,
Zumindest keins, das nicht am seidenen Faden hängt.
Dein Ansehen, Aussehen, Drogen und Geld
sind nichts, das dich jemals langfristig hält.
Oder vielleicht denkst du auch schon,
dass die Welt über dir zusammenfällt.
Weil dich niemand liebt
und dich keiner in seinen Armen hält.
Keiner, der dir sagt: „Das war toll!“
Oder eine Notiz hinterlässt
mit dem Satz: „Du bist wundervoll!“
Verlassen und allein in Gedanken
kommt deine Hoffnung auf ein Happy End
immer mehr ins Wanken.

Deshalb, falls es dir noch niemand gesagt hat,
dann hör’ es nun von mir:
DU BIST GELIEBT!
Und es gibt Einen, der dich sieht!

Von keiner schönen Fassade lässt ER sich trügen.
ER sieht dich in dem Abgrund,
aber auch bei deinen Höhenflügen.
ER sieht dich lächelnd, voll Freude singend,
mit anderen Menschen Zeit verbringen.

Doch ER sieht dich auch im Scherbenhaufen.
Sieht dich in den Trümmern deines Lebens laufen.

Denn alles, das dir bisher Erfüllung versprach,
Nahm das Versprechen und brach's.
Erfüllung für eine kurze Zeit,
doch danach macht sich in dir
wieder die Leere breit.

Was, wenn ich dir sage, dass es jemanden gibt,
der wirklich Erfüllung bringt
und dich von Kopf bis Fuß durchdringt.
Dies ist kein leeres Versprechen
und wir können gerne darüber sprechen.

Vielleicht ist dein Happy End gar nicht so fern.
Sondern nur *eine* Entscheidung entfernt.
Die Entscheidung, dem zu folgen,
der *so viel* Liebe für dich übrighat.
Und dich *noch nie* vergessen hat.
Dem zu folgen, der sagte, dass ER
gekommen ist, um zu suchen und zu retten.
Niemand muss mehr bleiben
in selbstauferlegten Ketten.

Alle Verlorenen sucht ER auf
und gibt ihnen ein Zuhaus'.
Seine Freude ist groß
über jeden, der gefunden wird
und damit nicht mehr durch die Gegend irrt.

Wenn du verletzt von dieser Welt bist,
dann ist dieses Versprechen *für dich.*
Denn ER kam, um zu leiden
und dich damit von deiner
Zerbrochenheit zu heilen.
Wo du stehst, versteht ER genau,
denn auch ER ist mit Ablehnung, Versuchung,
Schmerz und Verachtung vertraut.
ER will dich daraus retten,
aber was ist mit dir?
Bleibst du lieber in deinen Ketten?

Eine flüchtige Hoffnung auf ein Happy End,
aber du denkst: Ganz bestimmt verschwindet sie,
sobald er mich wirklich kennt.

Du brauchst keine Angst zu haben,
denn ER hat dich gesehen,
an den schlechten und den guten Tagen.
ER kennt deine Fehler und die dunklen Ecken,
die du stetig versuchst zu verstecken.
Und obwohl ER dich in und auswendig kennt
und ER weiß, dass du immer wieder
aufs Neue gegen Mauern rennst,
liebt ER dich!

Hast du dein Leben an die Wand gefahren,
dann gibt ER dich trotzdem nicht auf.
Neue Chancen vergibt ER zuhauf.
Und passiert es wieder …

Keine Sorge, auch dann vergibt ER.
Du bist geliebt von Kopf bis Fuß,
ohne dass du etwas dafür tust.

Mit seinem Leben
hat ER dir schon alles gegeben.
ER ist am Kreuz gestorben
für deine Sünde und Scham
und hat seine Autorität selbst bezeugt,
als ER nach drei Tagen
wieder zu den Lebenden kam.

Nichts kann dich nun noch
von Gottes Liebe trennen,
aber *du kannst dich entscheiden*
von ihm weg oder zu ihm hinzurennen.

Dein Happy End, es wartet auf dich.
Ein Bild, wie am Ende eines Films bietet sich.
Du siehst einen Hügel, auf dem Jesus steht.
ER *wartet*, um zu sehen
in welche Richtung du gehst.

Willst du dein Leben mit ihm gehen?
Oder lässt du ihn dort einfach stehen?
Du kannst dich entscheiden,
auch weiter der Welt nachzujagen,
Nach Erfüllungen strebend,
die dich letztlich doch nicht tragen.

Oder du gehst einen Schritt auf ihn zu
und lernst in Liebe stetig dazu.

Deine Beziehung zu ihm
wird Höhen und Tiefen haben.
Allerdings wird ER dir niemals
deinen Wert entsagen.
ER nimmt dich genauso wie du bist!
Und ER wird dir die Fülle geben,
die du so sehr vermisst.

ER wartet: Heute, morgen, allezeit.
Bist du für dein Happy End bereit?

Rebecca Rostan

*Rebecca Rostan (*2000) studiert Elektrotechnik und Infor-
mationstechnik am KIT. Mit ihren Texten will sie Christen
ermutigen und Nicht-Christen zum Nachdenken bringen.
Mehr unter: „Rebecca Rostan Poetry" auf YouTube.*

Mache Dich auf,
geh neue Wege,
sei offen für das,
was kommt.
Vertraue Dir,
Du schaffst mehr
als Du denkst.

Danke fürs Lesen.

Unser gesamtes Programmangebot:

www.dichterwettstreit-deluxe.de

Buchempfehlungen
Themenbände – originell auf den Punkt

In unseren Themenbänden geben mit die besten Poet*innen der deutschsprachigen Slamszene ihre Gefühle, Ideen, Erfahrungen, Utopien und Meinungen zu bestimmten Themen preis. Ob lyrisch oder prosaisch, ob nachdenklich oder humoristisch, auf jeden Fall lesenswert.

Themenband 1
ISBN: 978-3-98809-002-7

Themenband 2
ISBN: 978-3-98809-004-1

Themenband 3
ISBN: 978-3-98809-009-6

Themenband 4
ISBN: 978-3-98809-023-2

Themenband 5
ISBN: 978-3-98809-025-6

je Themenband
12,95 EUR (D)
13,40 EUR (A)
15,00 CHF (CH)

Weitere Bücher unserer Autor*innen

In 36 Texten durch Höhen und Tiefen, durch Freundschaft und Liebe, durch Glaube und Zweifel, durch Glücksmomente und Hoffnungsschimmer bis zum Meer und zurück.

Himmel auf Erden
Durch Glaube und Zweifel bis zum Meer und zurück

ISBN: 978-3-98809-017-1
16,00 EUR (D)

Theresa Sperling, **zweifache deutschsprachige Meisterin im Poetry Slam,** präsentiert in ihrem Sammelband alle 33 lyrischen Slamtexte aus 2014–2024.

Sezierung
Aus gegebenem Anlass

ISBN: 978-3-98809-015-7
16,00 EUR (D)

Eberhard Kleinschmidt versendet bereits seit über zwanzig Jahren seine poetischen Neujahrsgrüße. Hier sind alle in einem Sammelband vereint.

Der etwas andere Neujahrsgruß
Gedichte zum Jahreswechsel

ISBN: 978-3-98809-000-3
12,95 EUR (D)

DICHTERWETTSTREIT *deluxe*

Unser gesamtes Verlagsprogramm gibt's unter:
www.dichterwettstreit-deluxe.de/shop

www.dichterwettstreit-deluxe.de

facebook.com/DichterwettstreitDeluxe

@dichterwettstreit_deluxe